RELAÇÕES ENTRE AFETIVIDADE E COGNIÇÃO
DE MORENO A PIAGET

DO CONSTRUTIVISMO PIAGETIANO
À SISTÊMICA CONSTRUTIVISTA

DA CLÍNICA PRIVADA À CLÍNICA SOCIAL

EDIÇÃO AMPLIADA

Editora Appris Ltda.
1.ª Edição - Copyright© 2020 dos autores
Direitos de Edição Reservados à Editora Appris Ltda.

Nenhuma parte desta obra poderá ser utilizada indevidamente, sem estar de acordo com a Lei nº 9.610/98. Se incorreções forem encontradas, serão de exclusiva responsabilidade de seus organizadores. Foi realizado o Depósito Legal na Fundação Biblioteca Nacional, de acordo com as Leis nos 10.994, de 14/12/2004, e 12.192, de 14/01/2010.

Catalogação na Fonte
Elaborado por: Josefina A. S. Guedes
Bibliotecária CRB 9/870

W511r 2020	Wechsler, Mariângela Pinto da Fonseca Relações entre afetividade e cognição : de Moreno a Piaget ; do construtivismo piagetiano à sistêmica construtivista da clínica privada à clínica social / Mariângela Pinto da Fonseca Wechsler. - 1. ed., ampl. – Curitiba : Appris, 2020. 221 p. ; 21 cm. – (Artêra). Inclui bibliografias ISBN 978-85-473-4566-2 1. Cognição. 2. Psicologia da aprendizagem. 3. Psicologia do desenvolvimento. I.Título. II. Série.

CDD – 370.15

Livro de acordo com a normalização técnica da ABNT

Appris
editora

Editora e Livraria Appris Ltda.
Av. Manoel Ribas, 2265 – Mercês
Curitiba/PR – CEP: 80810-002
Tel. (41) 3156 - 4731
www.editoraappris.com.br

Printed in Brazil
Impresso no Brasil

Mariângela Pinto da Fonseca Wechsler

RELAÇÕES ENTRE AFETIVIDADE E COGNIÇÃO
DE MORENO A PIAGET

DO CONSTRUTIVISMO PIAGETIANO
À SISTÊMICA CONSTRUTIVISTA

DA CLÍNICA PRIVADA À CLÍNICA SOCIAL

EDIÇÃO AMPLIADA

FICHA TÉCNICA

EDITORIAL	Augusto V. de A. Coelho
	Marli Caetano
	Sara C. de Andrade Coelho
COMITÊ EDITORIAL	Andréa Barbosa Gouveia (UFPR)
	Jacques de Lima Ferreira (UP)
	Marilda Aparecida Behrens (PUCPR)
	Ana El Achkar (UNIVERSO/RJ)
	Conrado Moreira Mendes (PUC-MG)
	Eliete Correia dos Santos (UEPB)
	Fabiano Santos (UERJ/IESP)
	Francinete Fernandes de Sousa (UEPB)
	Francisco Carlos Duarte (PUCPR)
	Francisco de Assis (Fiam-Faam, SP, Brasil)
	Juliana Reichert Assunção Tonelli (UEL)
	Maria Aparecida Barbosa (USP)
	Maria Helena Zamora (PUC-Rio)
	Maria Margarida de Andrade (Umack)
	Roque Ismael da Costa Güllich (UFFS)
	Toni Reis (UFPR)
	Valdomiro de Oliveira (UFPR)
	Valério Brusamolin (IFPR)
ASSESSORIA EDITORIAL	Lucas Casarini
REVISÃO	Pamela P. Cabral da Silva
PRODUÇÃO EDITORIAL	Lucielli Trevizan
DIAGRAMAÇÃO	Bruno Ferreira Nascimento
CAPA	Karen Tortato
COMUNICAÇÃO	Carlos Eduardo Pereira
	Débora Nazário
	Kananda Ferreira
	Karla Pipolo Olegário
LIVRARIAS E EVENTOS	Estevão Misael
GERÊNCIA DE FINANÇAS	Selma Maria Fernandes do Valle
COORDENADORA COMERCIAL	Silvana Vicente

SOBRE A OBRA INICIAL

Relações entre Afetividade e Cognição: de Moreno a Piaget, nasceu da dissertação de mestrado intitulada *Níveis de relação sócio-afetiva--cognitiva para a construção da identidade do indivíduo: correlações entre Moreno e Piaget* apresentada ao instituto de Psicologia da Universidade de São Paulo (USP) em 1989. O orientador da pesquisa foi o Prof. Dr. Lino de Macedo, do Instituto de Psicologia da USP (Ipusp), e a banca examinadora composta pelo Prof. Dr. Clovis Garcia, da escola de Comunicação e Artes da USP (ECA), e Prof. Dr. Norberto Abreu e Silvia Neto (Ipusp).

A primeira publicação foi publicada em 1998, com auxílio da Fapesp, e teve três edições pela Editora Annablume. Esta nova e ampliada publicação, lançada pela Editora Appris, articula a teoria sistêmica construtivista a partir da apresentação de dois casos clínicos da *clínica privada* e de duas sessões de Psicodrama Público do Centro Cultural da *clínica social*.

*Aos meus pais Maria e José (in memoriam),
que incentivaram meu espírito de luta;
Ao meu marido Rudolf,
companheiro amoroso e parceiro em diversos papéis;
Ao nosso filho Matheus,
fruto da comunhão entre Eros e a vontade divina.*

TEMPO

É o começo de tudo,
É o meio do caminho,
É o final em espiral.

Há quem diga que nessa jornada,
O Tempo só se gasta.

Logo aviso,
Cuidado!
Pois esses são pobres de Tempo,
Já perdidos na correria da vida.

Euforia para aqueles que vivem o Tempo do momento oportuno,
E que seja afortunado quem o tenha,
Pois é nesse momento que não existe mais hora.

Em meio à risada e à boa prosa,
Sem pressa de fazer o Agora,
Em um estralar de dedos, uns pares de minutos se tornam centenas de horas.

Matheus Wechsler
24/07/2019

AGRADECIMENTOS À 1ª EDIÇÃO

Desde a confecção da pesquisa até o atual momento de sua publicação enquanto livro já se passaram quase 10 anos. Assim, lembro-me de muitas pessoas e instituições que me ajudaram nesse longo percurso. No entanto, sem me esquecer da história, vou escolher algumas que representaram e/ou representam momentos cruciais.

Agradeço à Universidade de São Paulo, matriz da minha formação em Psicologia, quer da graduação, quer do mestrado e doutorado e, mais especificamente, ao meu orientador Lino de Macedo, o qual me introduziu no pensamento científico acreditando nos meus recursos. Com sua sagacidade, ao apresentar este trabalho, pôde atualizar seu sentido e finalidade, o que me encheu de alegria.

Agradeço à minha matriz de psicodramatista, representada pela minha formação no departamento de Psicodrama do Instituto Sedes Sapientiae (1985-1988) e, mais especificamente, às influências de pensamento, postura e ética do Dr. Fonseca Filho.

Agradeço ainda à Clínica do Instituto Sedes Sapientiae, por ter me apoiado no pedido de auxílio à Fapesp para esta publicação, sobretudo ao setor de Projetos da Clínica.

À Fapesp por ter concedido o auxílio, tornando-se parceira da Editora Annablume, e a esta por ter me dado um presente quando se interessou em publicar este trabalho.

E, por fim, à comunidade científica que me encorajou na continuidade do meu caminho rumo ao doutorado, o qual foi defendido em 1995.

PREFÁCIO À EDIÇÃO AMPLIADA

Quem conhece a autora do livro e com ela convive não se surpreende, mas imediatamente entende o objetivo dele como decorrência necessária de sua vida. Faz parte da natureza de Mariângela, com a qual tenho o prazer de conviver, a atitude constante de procurar compreender posturas diferentes e tentar harmonizá-las para uma possível convivência. Ela não só expõe uma visão sistêmica do mundo, mas a vive no dia a dia, buscando sempre os "significados" que se complementam e permitem construções conjuntas.

Age assim, na primeira parte do livro, conjuminando o desenvolvimento afetivo da criança, segundo Moreno e seus seguidores, com o desenvolvimento cognitivo da criança, em Piaget, oferecendo-nos ao final um entrelaçamento perfeito das duas concepções. Brinda-nos com um passo a passo do entrosamento dos aspectos cognitivo e afetivo da criança, que acabam por se constituir numa visão completa da constituição da personalidade, o que é um verdadeiro presente para o leitor.

Na segunda parte do livro, porém a autora vai mais longe ao relacionar a visão sistêmica do mundo, com sua prática profissional, não só com a ação político social que desempenha com maestria, utilizando o Psicodrama Público regularmente, mas também ao trabalhar no Psicodrama individual da criança, intercalando-o com sessões familiares.

Nesse proceder, a autora não entremeia apenas dois métodos socionômicos diferentes, Psicodrama individual da criança, com sociodrama familiar sistêmico/construtivista. Busca nas sessões familiares o "significado" do sintoma infantil no contexto relacional familiar por meio do "brincar", que qualifica como a criação de novos ritos. Dessa forma, transmite a todos uma nova compreensão do sintoma da criança e cria condições para que as novas inter-relações do coinconsciente familiar se "retramatizem" (encontrem novos caminhos na ação).

Nas palavras da autora, por meio da liberação da espontaneidade familiar no jogo dramático, permitimos "dar à luz" aos padrões que nos aprisionam, sabendo que, contudo, talvez não atinjamos a realização total.

Condizente com a idade das crianças dos casos apresentados (na visão piagetiana entrelaçada com a moreniana), o trabalho psicoterápico é desenvolvido no mundo concreto, de forma simbólica e não por meio de cenas reais ou falas cursivas, o que permite ao mesmo tempo adequação, leveza e profundidade no trabalho desenvolvido nos dois casos.

Por meio das cenas vividas é evidenciada também a importância de se "retecer", em conjunto, novos sentidos para todo o sistema familiar, conseguindo sair da situação de sofrimento. Tanto a concretização simbólica, quanto a ressignificação e a construção conjunta ficam claras, no primeiro caso apresentado, com a criação de uma música em conjunto a diretora e família, versando sobre a competição conjugal e familiar instalada geradora do sintoma.

No segundo caso, de uma criança adotada que sai de sua terra para viver no país dos novos pais, mas carrega consigo a dor do abandono, "a criança consegue recriar seu sofrimento, por meio dos desenhos e dramatizações, onde são vivenciados em uma 'Realidade Suplementar' os nascimentos, abandonos, separações da família dos cavalos todos os seus dramas". Nas cocriações imaginárias pode dar nomes aos sentimentos, segundo a autora e recriar sem muito sofrimento sua identidade/singularidade.

"A família entendeu como acolher a agressividade, a culpa e a dar limites, trazendo para o contexto familiar, a vivência psicoterapêutica sobre 'a família dos cavalos' e seus ensinamentos."

A remissão dos sintomas de ambas demonstra a recuperação da espontaneidade e saúde psíquica das crianças, atestando a propriedade das intervenções.

Marcante também a facilidade com que Mariângela relaciona o símbolo trazido com a realidade e compreende a dinâmica sistêmica familiar, ligando-a ao sintoma do protagonista. Demostra dessa forma, o que tão bem colocou no texto, que os sintomas não são apenas da ordem individual, mas também efeito do processo de subjetivação que ocorre dentro da matriz de identidade da criança.

Por todos esses motivos ao ler este livro vamos ganhando sucessivos presentes e ao terminar de lê-lo, trazemos para casa vários "brinquedos/conceitos" com os quais continuamos a interagir. Principalmente, a atuação clínica da autora não termina, mas interpenetra sistemicamente nossas vidas, porque decorre de sua própria vivência real.

Janeiro 2019

Maria Rita D'Angelo Seixas

Psicóloga; Terapeuta Psicodramatista de adulto, casal e família; doutora em Psicologia pela PUC-SP; Professora, Didata e Supervisora de Psicodrama do Instituto Sedes Sapientiae, Terapeuta Sistêmica da Família pela Abratef; Autora do Livro Sociodrama Familiar Sistêmico e de vários artigos científicos publicados em livros de Psicodrama e Terapia de Família; Organizadora de livros de Terapia Familiar e de Violência Doméstica

PREFÁCIO À EDIÇÃO AMPLIADA

É com prazer que teço algumas considerações a respeito dessa edição ampliada do livro *Relações Entre Afetividade e Cognição: de Moreno a Piaget,* de Mariângela Pinto da Fonseca Wechsler, na qual apresenta e define o que é Clínica Social/Pública/Ampliada.

Seu texto oferece compreensão extensiva e intensiva de fenômenos grupais que ocorrem em Psicodramas Públicos no Centro Cultural São Paulo. Extensiva porque percorre com elegância e naturalidade a complexidade das teorias do Psicodrama e do desenvolvimento piagetiano que se entrelaçam a favor do entendimento dos grupos abertos não processuais. Intensiva porque está em sintonia com os sentidos das vivências singulares de cada membro do grupo e dos protagonistas na ação psicodramática. Afetos e compreensões do vivido se sucedem promovendo a possibilidade compartilhada, espontânea e criativa de apropriação da cidadania, tanto em seus aspectos sociais, como em sua dimensão psíquica individual. Assim, o *papel de cidadão* articula o trânsito entre público e privado. "Cocriam-se agentes da cidadania que não apenas têm acesso ao que a cidade produz, mas que são sujeitos com direitos e deveres que têm consciência da extensão do existir democrático", diz a autora.

Nessa prática pública buscam-se possíveis saídas espontâneo-criativas dos problemas, dilemas e demandas de todos. Nesse trabalho grupal cidadão não se busca soluções idealizadas, nem dramaturgias com final feliz. Acolhem-se os fatos concretos que surgem da experiência cotidiana, que podem ser iluminados no *aqui e agora* da cena/tema do grupo.

A compreensão profunda da socionômia psicodramática e do pensamento piagetiano fundamentam o manejo do grupo e instalam um tipo de ação que visa e promove continência, experiências singulares, insights e mudanças pelo e no existir partilhado.

Duas práticas dirigidas por Wechsler no Centro Cultural São Paulo evidenciam como essa *matriz de subjetividades* grupal oferece "nutrientes" para o desenvolvimento pessoal, grupal e social.

A primeira, realizada durante a Copa do Mundo de Futebol de 2010, vai do simples ao complexo, tendo como aquecimento brincadeiras com bola divertidas e soltas, uma forma inclusiva de estar em grupo, pois todos nós brincamos com bola quando crianças.

Aparecem nessa etapa as primeiras diferenciações identitárias do papel de jogador de futebol: atacante, goleiro, volante, técnico e a bola. Os participantes criam e apresentam cenas espontâneas ligadas às diferentes posições no futebol. Terminadas as cenas, há uma imersão nas lembranças pessoais passando do lúdico aos sentidos subjetivos.

A partir dessas ressonâncias o personagem *bola* delineia-se como articulador da ação protagônica. A equipe de Egos Auxiliares cria uma cena na qual a bola dá um basta em ser comandada pelos chutes dos jogadores, passando a ter direito de dizer *sim* e *não*, de perguntar e responder. Essa cena condensa os sentidos subjetivos presentes no grupo: a pouca importância do cidadão comum e permite a necessária catarse coletiva.

O compartilhar traz alívio pelo enfrentamento da passividade, a necessidade de colocar limites, e até as vantagens do uso de remédios psiquiátricos como garantia para que a bola role com potência no gramado da vida.

Como isso pôde ocorrer com tanta leveza e naturalidade? A própria autora destaca a necessidade de que o diretor tenha em mente a articulação da vivência proposta com uma estrutura teórico-metodológica para promover o aquecimento, a criação dos personagens e a ação dramática a serviço da visibilidade aos conflitos com confiança na espontaneidade criativa dos participantes e talento para compreender os sentidos metafóricos das dramatizações.

A autora faz um Psicodrama Sistêmico/Construtivista/Complexo, introduzindo um novo modelo de direção grupal contemporânea a ser incluído no ensino de práticas grupais sociodramáticas.

O segundo exemplo, um Teatro Espontâneo, ancora-se em memórias infantis: *D. Chica tem medo do lobo mau?*

Ocorre em codireção com Ricardo Amaral Rego, da escola biodinâmica, que se incumbe do aquecimento inespecífico e específico. Wechsler dirige as dramatizações.

O aquecimento bastante complexo corporifica a presença de cada um por meio da consciência de diferentes formas de se sentir e se perceber: no caminhar, ao respirar e ao se expressar por meio de cada área do corpo.

O diretor convida todos a cantarem *Atirei o pau no gato*, liberando afetos e emoções plenos de recordações sensíveis. Surgem D. Chica e os demais personagens: quem são, onde estão, o que fazem, quem atirou a pedra etc., são delineados. Essas instruções permitem o envolvimento e participação que gera cinco cenas.

Após a descrição das cenas alterna-se a direção e os participantes escolhem a situação com a qual mais se identificam: *Ninguém tem medo do lobo mau* onde crianças e adolescentes brincam alegremente com o *gato*, mas o bedel da escola maltrata o animal e age de forma autoritária com os e alunos. D. Chica como merendeira vê tudo, mas não interfere. Uma nova diretora chega e tira o poder do bedel, permitindo que os alunos expressem suas necessidades vitais. Nessa produção cênica o alimento aglutina as cenas.

Vale lembrar que esse Teatro Espontâneo ocorreu apenas três meses depois das chamadas Jornadas de Junho de 2013 (Passe Livre).

Sentidos privados e públicos se sobrepõem: bedel/polícia, ambos repressores, agem com violência a favor da manutenção da "ordem"; D. Chica/sociedade em geral, até então passiva é mobilizada pela passeata que reúne mais de um milhão de participantes; a nova diretora/novo tipo de manifestação política descolada da velha política dos partidos inaugura um caminho a aglutinação da força do povo pelas mídias sociais. As ruas revivem Geraldo Vandré: "quem sabe faz a hora, não espera acontecer...".

Porém a força desse clamor público arrefece quando eclode um novo tipo de violência, inicialmente anarquista e depois vândala, que utiliza uma agressividade feroz para se expressar, apenas catarse odienta sem sustentar projetos coletivos. Somos todos novamente D. Chica: a tudo assistimos e pouco se faz. O sonho de *caminhar e cantar, seguindo a canção*, mais uma vez reflui.

Ainda hoje, quase 100 anos após sua criação, o Teatro Espontâneo continua convidando cada um a ser um agente ativo de sua própria história.

Voltando ao texto, vemos Wechsler finalizar seu percurso conceitual destacando as diferenças e semelhanças entre o Psicodrama na clínica privada e na pública. Propõe que em seu cerne ambos têm os mesmos objetivos: serem *dispositivos* que lidam com as urgências pessoais e sociais por meio dos processos de subjetivação. Ambos buscam o descolamento das conservas culturais e dos mitos pessoais e sociais por meio da ação espontâneo/criativa que promove novas organizações inter/intrapsíquicas.

Penso que esse objetivo se cumpre com os participantes do grupo de Psicodrama que opera como um espaço de aprendizagem e consciência. No contexto social as dificuldades no exercício da cidadania persistem e retornam aos grupos, sendo encarados pelos psicodramatistas com entusiasmo e crença na transformação.

A leitura deste texto nos convoca à reflexão e deixa no passado a ideia de que a teoria moreniana não se sustenta. As contribuições do Psicodrama Sistêmico Construtivista que Wechsler apresenta têm coerência conceitual e parâmetros sólidos de ação que permitem intervenções arrojadas em sintonia com uma clínica pública e social.

Este é um texto que deve ser lido e estudado, pois se sua complexidade pede dedicação, sua profundidade oferece recompensas transformadoras. Surfar grandes ondas exige esforço e competência, mas oferece prazer inigualável.

Janeiro 2019

Anna Maria Knobel

Psicóloga, Psicodramatista, Mestre em Psicologia Clínica pela PUC-SP, Professora Didata, Supervisora do Departamento de Psicodrama do Instituto Sedes Sapientiae. Autora de Moreno em Ato e de artigos científicos publicados em livros e revistas nacionais e internacionais.

E-mail: amknobel@uol.com.br

APRESENTAÇÃO À 1ª EDIÇÃO

Gostei muito que Mariângela tenha me proposto fazer uma apresentação deste seu trabalho agora publicado como livro. Como seu orientador, pude atualizar um passado. Atualizá-lo em sua importância para mim, hoje, e, quem sabe, para outras pessoas. Insisto, apreciei o que revi.

Mariângela apresenta-nos um texto bem escrito, elegante, "enxuto". Está dividido em três partes mais as Considerações Finais. Na primeira, define os aspectos da teoria de Moreno que lhe interessarão analisar. Define no melhor sentido do termo, ou seja, descreve, dá os limites, convida o leitor a acompanhá-la em seu percurso, destaca aspectos, posiciona-se, cria figuras, recorre aos autores, mormente ao Fonseca, que vão ajudá-la neste trabalho. Faz isso com elegância, carinho e com uma qualidade de expressão entre intensa e delicada.

Na segunda parte, a autora realiza o trabalho de reunir os aspectos que lhe interessarão analisar, agora na perspectiva de Piaget. Como sabemos a obra de Piaget impressiona, não tanto pela quantidade de livros que publicou (juntando os trabalhos em coautoria, foram em torno de 70 livros), mas pela qualidade, complexidade com que tece a trama de sua proposta construtivista. Mariângela soube fazer os recortes que lhe interessavam destacar em favor de seu objetivo.

Na terceira parte do livro, desenvolve o ponto principal de seu trabalho: relacionar Piaget e Moreno, considerando os aspectos definidos nas partes precedentes. Têm-se, assim, três capítulos interdependentes: um não se reduz ao outro, complementam-se e, no contexto da terceira parte, ganham uma configuração indissociável. Tornam-se, agora, partes de um mesmo todo. É como se Piaget e Moreno, na proposta de Mariângela, fossem um só, ainda que cada qual tenha sua autonomia, especificidade.

Do modo como Piaget e Moreno foram relacionados podem cooperar e comporem uma equipe de trabalho em favor de uma meta. Meta, que define a originalidade e a importância do presente trabalho: propor uma matriz de identidade em que aspectos afetivos, sociais e cognitivos sejam quais braços e pernas de um mesmo corpo. Para provar o que digo, convido o leitor a apreciar, por exemplo, a comparação proposta pela autora no Quadro IV (páginas 97-99) de seu texto.

Nas Considerações Finais, Mariângela dedica-se a responder à pergunta "qual a postura mais educativa?", que ela mesma formulou no contexto do que foi analisado nos capítulos anteriores.

Como mencionei, ao reler o texto pude atualizá-lo para mim, em sua dimensão afetiva e cognitiva. Quero, agora, analisar sua importância social. Vivemos tempos em que tecnologia e valores resumem nosso principal modo de ser. A tecnologia expressando – como resposta – o máximo e o melhor do que as ciências podem oferecer para nosso bem-estar, conforto e proteção. Os valores expressando a necessidade de motivarmos nossa conduta. De lhes darmos um sentido, com autonomia, responsabilidade e compromisso. Mais do que nunca nossa identidade pessoal e coletiva está em jogo. O que devemos priorizar ou selecionar dentre tudo o que nos é oferecido? Do que podemos, por bem ou mal, obter? Quais são nossas necessidades? Como fazer do impossível um convite para a reflexão ou expressão estética, criativa? Como conservar e transformar nossa identidade em tempos em que nômades podemos nos dirigir para muitos lugares? Mas, que, muitas vezes, nos sentimos perdidos e sem sentido? Mariângela, ainda que não tenha mencionado essas questões de fundo, age como se as tivessem presentes em seu texto. Texto que, agora, convido o leitor a apreciar.

Lino de Macedo

Graduado (1966) em Pedagogia pela Faculdade de Filosofia Ciências e Letras de São José do Rio Preto, Mestre (1970), Doutor (1973) e Livre Docente (1983) em Psicologia pela Universidade de São Paulo. É membro da Academia Paulista de Psicologia e Professor Emérito do Instituto de Psicologia da Universidade de São Paulo (USP) onde exerceu o cargo de Professor Titular.

Foi professor e orientador no Programa de Pós- graduação em Psicologia Escolar e do Desenvolvimento Humano, neste instituto, tendo orientado 83 teses de doutorado e dissertações de mestrado. Atualmente, é membro da Cátedra Educação Básica (uma parceria do Itaú Social com o Instituto de Estudos Avançados, USP) e do Comitê Científico do Núcleo Ciência pela Infância, bem como assessor do Instituto Pensi (Fundação José Luiz Egydio Setubal). Estuda o valor dos jogos e brincadeiras na Psicologia, Educação e Saúde, bem como a importância da promoção dos processos de aprendizagem e desenvolvimento na Educação Básica.

APRESENTAÇÃO À 3ª EDIÇÃO

Comemoro com alegria e reedição deste livro, referência indispensável aos que desejam compreender o amadurecimento humano no conjunto de aspectos cognitivos, afetivos e sociais.

Com admiração acompanho Mariângela desde o início destes estudos e da concepção desta obra, que sempre indico aos psicoterapeutas de crianças e adolescentes que tenho a oportunidade de supervisionar. Mariângela caminha com desenvoltura em campo teórico complexo, apropria-se do conhecimento, tece articulações criativas e oferece o seu produto de forma didática. Recomendo a leitura e também o estudo deste precioso material. A cada leitura, a cada consulta, uma nova faceta se destaca: de Piaget, de Moreno, da Mariângela Wechsler e do ser humano. Recomendo ao leitor essa experiência de apreciação.

Silvia Petrilli
Novembro 2009

Psicóloga/Psicoterapeuta de criança e adolescentes, Psicanalista de crianças pelo Instituto Sedes Sapientiae ; Psicodramatista/Didata/Supervisora pelo Departamento de Psicodrama do Instituto Sedes Sapientiae (DPSedes) / Federação Brasileira de Psicodrama (FEBRAP)

Agradeço à companheira de *viagens psicodramáticas* Silvia Petrilli pela generosa apresentação desta 3ª edição e à Editora Annablume pelo incentivo de recolocar disponível aos leitores as ideias contidas no livro, que embora já velhas, pois surgiram em 1989 com a finalização do meu mestrado na USP e publicadas em 1998 pela primeira vez, considero-as sementes do meu desenvolvimento. Gostaria, ainda, de poder veicular num só livro outras tessituras que venho produzindo a respeito do processo de constituição da subjetividade, mas sempre levando em conta os aspectos aqui já citados: afetivos, cognitivos e sociais. Quiçá seja em breve!

Mariângela Pinto da Fonseca Wechsler
Novembro 2009

SUMÁRIO

PARTE I
INTRODUÇÃO 31

CAPITULO I
DESENVOLVIMENTO SEGUNDO A MATRIZ DE IDENTIDADE DE J. LEVY MORENO 37

CAPITULO II
DESENVOLVIMENTO COGNITIVO SEGUNDO J. PIAGET 73

PERÍODO SENSÓRIO-MOTOR 82
PERÍODO PRÉ-OPERATÓRIO 87
PERÍODO OPERATÓRIO CONCRETO 93
PERÍODO OPERATÓRIO FORMAL 99

CAPITULO III
POSSÍVEIS CORRELAÇÕES ENTRE AS TEORIAS DE DESENVOLVIMENTO DE J. L. MORENO E J. PIAGET 107

CONSIDERAÇÕES FINAIS 131

PARTE II
NOTA DA AUTORA 139

Introdução 141
Conceitos acrescentados e articulados: 145
    1. A Concepção Sistêmica da Vida 145
    2. Terapia Familiar Sistêmica – da Cibernética de 1.a Ordem ao Construtivismo: alargamento no campo de visão e atuação do terapeuta familiar: 150
    3. Teoria Socionômica: as contribuições de Moreno (1889-1974) para o Pensamento Sistêmico 155

Apresentação das práticas: 167
    1. Clínica privada: caso 1 e caso 2 167
    2. Clínica Social/Pública/Ampliada 182
        O Tempo de Copa do Mundo e seus sentidos no Tempo do grupo 184
        Dona Chica tem medo do lobo mau? 195
Reflexões a partir das práticas apresentadas: 201

REFERÊNCIAS 209
    PARTE I: 209
    PARTE II: 210

ÍNDICE REMISSIVO 215

INTRODUÇÃO

O atual trabalho nasceu do estudo sobre a Teoria do Desenvolvimento Cognitivo de Jean Piaget e a Teoria Psicodramática de Jacob Levy Moreno.

Antes de começar a descrever quais os aspectos de ambas as teorias que me levaram a pensar sobre possíveis correlações, delinearei algumas particularidades de ambos os autores que tiveram influência em suas obras e que, de algum modo, contribuíram para a possibilidade de correlacionar suas ideias.

Jean Piaget nasceu em 1896, em Neuchatel, Suíça, morreu em 1980 em Genebra, Suíça, com 84 anos. Jacob Levy Moreno nasceu em 1889, em Bucareste, Romênia, e morreu em 1974 em Beacon, Estados Unidos, com 85 anos. Ambos viveram na mesma época, traçando caminhos que sofreram algumas influências semelhantes. Para exemplificar uma dessas semelhanças segue-se um esboço das influências da filosofia bergsoniana no pensamento dos autores.

O contato com as ideias do filósofo Bergson, de algum modo, provocou algumas tomadas de consciência por parte de Piaget e Moreno. Para Piaget o "choque foi imenso", escrito por ele próprio, posto que influenciou tanto o seu lado religioso, pois teve a revelação da identidade de Deus e da Vida, como o seu lado intelectual, na medida em que o problema do conhecimento, sua preocupação fundamental, pode ser encarado de uma nova maneira, a qual traduziu todo o trabalho de sua vida: a explicação biológica do conhecimento (PIAGET, 1966). As ideias de Bergson sobre "intuição" – traduzida pela possibilidade de aproximação da essência de um objeto independentemente da palavra, pela possibilidade de aproximação da realidade tal como ela é em si –, "o contato imediato experiencial" e sobre "durée" – traduzida pela duração de um determinado fenômeno visto como um processo constante e sobre o "elan vital", traduzida pela força que estaria atrás de qualquer movimento biológico, influenciou o pensamento moreniano sobre os conceitos de *tele, momento* e *espontaneidade* (GONÇALVES et al., 1988).

Penso que outras influências geradas por vários pensadores da época poderiam ser encontradas nas obras de Piaget e Moreno. De qualquer forma, isso não é o objetivo do atual trabalho, embora a ilustração sobre a influência bergsoniana no pensamento de Piaget e de Moreno delineie, de algum modo, o rumo que cada autor seguiu.

Dessa forma, Piaget se preocupou em estudar como se dava a aquisição e o acúmulo do conhecimento. Visto sua preocupação epistemológica, ele emprestou da biologia as raízes para tal explicação. Ao responder as questões acima delineadas, Piaget acaba formulando uma teoria do desenvolvimento cognitivo, posto que a compreensão do como se dá a aquisição e o acúmulo do conhecimento leva à compreensão do como se processa o desenvolvimento da própria inteligência à luz das invariantes biológicas do desenvolvimento, ou seja, como uma forma particular de adaptação e organização. Sendo o Ser Humano o mais evoluído da espécie animal, por ser portador de atos inteligentes a própria inteligência é uma forma particular que a adaptação biológica assumiu no decorrer da escala do desenvolvimento das espécies.

Ao caracterizar a inteligência como uma forma de adaptação, Piaget a compreende como um equilíbrio entre as duas invariantes funcionais que regulam qualquer processo biológico de desenvolvimento: a assimilação e acomodação. Dessa forma, o desenvolvimento da inteligência se processa na interação constante que ela mantém com o mundo externo na medida em que a assimilação é a incorporação do objeto aos esquemas ou estruturas do sujeito e a acomodação é a transformação desses em função das características do objeto. Sujeito e objeto devem estar em constante interação para que o conhecimento possa ser garantido tanto a sua aquisição quanto o seu acúmulo.

Ora, como então os referidos esquemas ou estruturas se constroem para que haja de algum modo a possibilidade de existência dos processos de assimilação e acomodação, os quais garantem a aquisição do conhecimento?

Para Piaget o que garante a construção dos esquemas e estruturas cognitivas é exatamente a própria interação que o indivíduo mantém com o meio externo desde o nascimento, a qual poderá atualizar ou não o desenvolvimento do potencial genético, a direção do próprio desenvolvimento. Desse modo, a inteligência como uma forma particular de adaptação biológica é construída ao mesmo tempo em que o mundo composto por objetos e pessoas, fenômenos físicos e interindividuais são construídos pelo sujeito na constante interação entre o indivíduo e o meio, permeada pelos processos de assimilação e acomodação.

Ora o que se pode ver é o comportamento externo do indivíduo, portanto os diversos momentos de equilíbrio entre os processos de assimilação e acomodação. Dessa forma, a adaptação é o aspecto externo do pensamento, é a própria relação que o pensamento mantém com as "coisas". Mas como é impossível se referir à adaptação sem se remeter ao conceito de organização posto que sejam as duas esferas biológicas do desenvolvimento de qualquer espécie? Piaget afirma que a organização é a relação do pensamento consigo próprio. Assim é algo que não se pode ver, é o aspecto interno do pensamento, em contraposição à adaptação que é o aspecto externo. Dessa forma, "é adaptando-se às coisas que o pensamento se organiza e é organizando-se que estrutura as coisas" (PIAGET, 1975, p. 19).

É evidente que o autor privilegia a interação dialética entre o sujeito e o meio externo e, de algum modo, delega a ela a responsabilidade pela aquisição e acúmulo do conhecimento e pela atualização da direção do desenvolvimento característica da espécie humana.

É nessa interação que a maturação nervosa, as experiências físicas e lógico-matemáticas, a socialização e a equilibração majorante podem ser compreendidas como os quatro fatores que regulam o desenvolvimento mental. Esses quatro fatores se articulam de forma tal desde o nascimento até a adolescência e acabam delineando três grandes períodos do desenvolvimento cognitivo, ou ainda três grandes patamares de equilíbrio característicos da espécie humana. Esses determinam as diversas possibilidades de interação entre sujeito e mundo e, portanto a construção gradativa da estruturação tanto de um "eu" cognitivo como de um mundo composto por fenômenos físicos e interindividuais (PIAGET; INHELDER, 1985).

Assim como o estudo do desenvolvimento da inteligência, ou ainda como se efetua a aquisição e o acúmulo do conhecimento, garante o fato de que a lógica é construída no intercâmbio contínuo entre sujeito e objeto, o estudo do desenvolvimento socioafetivo visto por meio do processo de matrização garante o fato de que o "eu"-socioafetivo é também constituído na relação contínua que a criança estabelece com as várias figuras e objetos desde o seu nascimento.

A percepção desse fato foi que me levou a trabalhar na sistematização das possíveis correlações entre Piaget e Moreno, o objetivo final deste livro.

Delineadas as contribuições J. Piaget passarei a descrever as de J. L. Moreno. Moreno na verdade foi um autor que não nos deixou uma teoria tão exaustiva, ao menos em termos de publicações, quanto à do desenvolvimento cognitivo de J. Piaget. De qualquer forma, sua teoria reflete seu próprio pensamento, que embora formal e científico, privilegia a espontaneidade e criatividade: características que não se excluem.

A preocupação da obra de Moreno (1984) passa por vários pontos. Privilegia a possibilidade de se estar no mundo de acordo com a "filosofia do momento" – o "aqui e agora" – como representante da saúde psíquica do indivíduo, traduzindo ao mesmo tempo a possibilidade de um trânsito livre entre fantasia e realidade. Segundo o autor, o que pode garantir esse fato é a própria espontaneidade, inerente à espécie humana.

Para se compreender a "filosofia do momento" é necessário encarar o momento como uma parte da história do próprio indivíduo, ou seja, como o representante dos moldes ou padrões de relação próprios do processo de cunhagem de identidade psicossocial do indivíduo.

A esse processo de cunhagem Moreno (1984) denominou de Matriz de Identidade. É na interação com a mãe ou com a primeira figura significativa, depois com outras e objetos que o indivíduo vai poder construir sua identidade psicossocial. E ao mesmo tempo acaba construindo a identidade das coisas e pessoas que o cercam. É nessa interação com pessoas e objetos, durante seu processo de matrização, que o indivíduo exercita e desenvolve, gradativamente, os diversos papéis que compõem o "eu"-total: os psicossomáticos, os psicodramáticos (imaginários) e os sociais. Isso é garantido pela articulação entre espontaneidade e criatividade, potencial característico da espécie humana. Essa articulação por sua vez é a substância do fator tele, o qual também tem raízes genéticas, embora só possa ser atualizada no exercício dos papéis que o indivíduo desempenha e, consequentemente, na relação entre esses papéis e os contrapapéis (do mundo ao redor). Os papéis que o indivíduo exercita os precursores do "eu" total, vão se desenvolvendo e se articulando – atualizando o fator tele e, consequentemente, a espontaneidade e criatividade nas três etapas do processo de matrização. Assim, delineiam-se modos específicos de se estar no mundo, característicos das fases de desenvolvimento da Matriz de Identidade.

Para Piaget e Inhelder (1985) a construção da inteligência e ao mesmo tempo a do mundo físico e interindividual é efetuada em três grandes patamares. Para Moreno (1984), a construção de um "eu" e de um "tu" e a possibilidade de um verdadeiro encontro é a resultante final de um processo de matrização que delineia três etapas características com modos próprios de relação os quais podem ser compreendidos pelas fases da Matriz de Identidade.

O objetivo do atual trabalho, visto que ambos os autores apoiam seus pressupostos na relação dialética entre sujeito e mundo, reside na possibilidade de se correlacionar os períodos de desenvolvimento cognitivo com as etapas e fases da Matriz de Identidade.

Essa primeira sistematização baseada em Moreno e Piaget permite a compreensão global do processo de construção da identidade do indivíduo, a qual é vista em seu duplo aspecto: a construção do aspecto socioafetivo e a do aspecto cognitivo, que será aqui tratado como o processo de construção da identidade socioafetiva-cognitiva do sujeito.

CAPITULO I

DESENVOLVIMENTO SEGUNDO A MATRIZ DE IDENTIDADE DE J. LEVY MORENO

Antes de expor a teoria de desenvolvimento de Moreno é importante definir qual foi à concepção básica de Ser Humano que o autor se baseou ao esboçá-la. Não existe uma definição literal a respeito, embora o conhecimento de suas obras nos remeta a algumas conclusões. Ao ler Moreno (1984) apreende-se que o Ser Humano saudável é aquele que pode desempenhar seus papéis nas relações com o mundo de forma espontânea e criadora saindo da estagnação característica de uma conserva cultural.

É aquele que pode transitar livremente entre a fantasia e a realidade sem se aprisionar em nenhum polo, movimento esse garantido pela própria espontaneidade.

Naffah Neto (1979, p. 199) igualmente se expressa a esse respeito quando diz que:

> São é o indivíduo espontâneo-criativo capaz de relações télicas continuamente lançado no presente e podendo retomar e transformar suas formas de existir em função de cada situação vivida: é o indivíduo capaz de catalisar a imaginação com vistas à transformação da realidade retomar os papéis sociais cristalizados e fixos que o circunscrevem e recriá-los, invertê-los, transformá-los na vivência das próprias relações em que se vê lançado.

Essa concepção básica de Ser Humano traduz a motivação central da obra de Moreno, a qual é definida por ele como "filosofia do momento". A dificuldade se apresenta na conceituação do termo na medida em que a definição implica uma conserva cultural, distanciando-se, portanto da essência que a própria filosofia do momento carrega. Garrido Martim (1978. p. 78) ressalta esse aspecto da seguinte forma:

> A filosofia do momento é mais uma sensação vital do que uma elaboração conceitual e não é em vão que não é uma ideia, mas uma atitude
>
> [...]
>
> Apura exaustivamente tua vida criadora, aqui e agora, prescindindo de toda circunstância exterior que não seja este aqui e agora neste momento.

De qualquer modo, na filosofia do momento estão contidos os conceitos de aqui e agora. Qualquer ser ou ato, qualquer vivência no aqui e agora só pode ser compreendido dentro de um contexto tridimensional o qual contém: seu *locus nascendi*, seu *status nascendi* e sua *matrix*. É por meio da compreensão simultânea desses três fenômenos que se é capaz de apreender a realidade, sobretudo a realidade humana.

O *locus nascendi* pode ser entendido pelo lugar onde o fenômeno estudado acontece. Uma imagem que exemplifica é o canteiro de terra onde uma flor se firma, se queremos apreendê-la como realidade. Mas para tal não basta somente identificar seu *locus*, aquela terra com determinada composição, é preciso estudar a flor no seu *status nascendi*, ou seja, em algum estado específico de seu desenvolvimento, embora isso não seja o suficiente para apreendê-la enquanto flor. Falta ainda a compreensão de sua *matrix*, que seria sua própria semente (MORENO, 1984).

Desse modo, a verdadeira compreensão de uma flor só será possível por meio da observação da dinâmica entre essas três óticas, a qual se efetuará ou não num determinado instante no aqui e agora: "Para Moreno retirar as coisas do seu momento *locus* ou *matrix* é desvirtuá-las, descentralizá-las" (GARRIDO, 1978, p. 78).

Ora, o entendimento da realidade psíquica individual ou das relações sociais também só pode ser efetuado conforme os mesmos critérios. O teatro da espontaneidade e o psicodrama terapêutico assim como a sociometria cumprem sua função segundo a compreensão do *momento, locus* e *matrix*. Com o teatro da espontaneidade e com o psicodrama terapêutico o drama da alma humana pode ser vivenciado dramaticamente, naquele instante, trazendo à tona o *momento*, o *locus* e a *matrix*.

Da mesma forma o estudo do Ser Humano nas relações com seus semelhantes permite atualizar no aqui e agora o que antes precisava ser levado a um laboratório experimental de psicologia.

A ideia central da obra moreniana, a qual situa a filosofia do momento como eixo que comanda e permeia as inter-relações, atualiza os moldes de relações específicas da cunhagem do indivíduo em questão ou dos outros indivíduos quando o objeto de estudo for um grupo/sociedade. Esses moldes ou padrões de relação têm expressão nas vivências presente como Garrido Martin (1978, p. 81) já destacou: "O instante não é uma parte da história, mas a história é uma parte do instante. De acordo com a experiência, as vivências mais impressionantes do passado encontram de alguma forma expressão nas vivências presentes."

O entendimento dos moldes de relação específicos da cunhagem do indivíduo nos remete ao conceito inovador de matriz de identidade. Para Moreno (1984) a matriz de identidade é "a placenta social da criança, o locus em que ela mergulha suas raízes" (p. 114); "é a raiz comum de todo desenvolvimento mental de fato, de todo o processo de aprendizagem" (p. 131).

O entendimento do conceito de matriz de identidade nos leva a uma dupla compreensão: enquanto um processo de "matrização" e ao mesmo tempo enquanto um produto, que seria a própria "cunhagem" da identidade psicossocial do indivíduo.

O processo de matrização é descrito por Moreno como um período que vai desde o nascimento até o momento em que o indivíduo consegue inverter o papel com o outro, para o qual ele não estipulou a idade. O autor assinala, no entanto que o indivíduo necessariamente passa por uma etapa mais ou menos aos três anos, na qual ele desenvolve a capacidade de discernir a fantasia da realidade, requisito necessário à posterior inversão de papel.

Esse processo de "matrização" de fato começa com a própria concepção do bebê, continuando, posteriormente, por intermédio da relação estabelecida entre ele e a mãe. A mãe, como primeiro ego auxiliar da criança, tem a função de nutrir, proteger, reconhecer as necessidades físicas e psicológicas do bebê, ajudando-o na conquista de seu projeto de crescimento. Outras relações que a criança estabelece com o mundo, com o pai, posteriormente, e com outras crianças, ajudam em sua caminhada: primeiramente pelo reconhecimento de si e do outro e a seguir pela possibilidade de se colocar no lugar do outro, permitindo que este faça o mesmo com ela e, desse modo, conquistando a fase de inversão de papel.

O processo de matrização, que tem como resultante a própria cunhagem da identidade psicossocial do indivíduo, aqui entendida como aquela que compreende articuladamente os aspectos socioafetivo-cognitivo, é estabelecido por meio da relação que o bebê desenvolve com os adultos: inicialmente com a mãe ou com aquela que desempenha a função materna, posteriormente com o pai (função paterna) etc. Ora, a mãe da criança traz consigo sua própria matriz de identidade e se relaciona com o bebê, com sua família e com o mundo, de uma forma geral, por meio dos diversos papéis, no desempenho dos quais é atualizado o seu próprio processo de cunhagem. Dessa forma, a matriz familiar, que expressa uma determinada matriz sociocultural, é o berço no qual se dá o processo de matrização do bebê, sendo, consequentemente, um dos determinantes dele. Portanto o processo de matrização do bebê, que tem como resultante a cunhagem de sua própria identidade psicossocial, pode ser conceituado como a vivência subjetiva que a criança tem das relações familiares, em especial dos vínculos com a mãe e o pai. Essa vivência tem por base o conjunto das relações familiares e a história de seus membros, a qual engloba uma determinada matriz sociocultural que é incorporada e vivida na família. Um exemplo pode facilitar a compreensão da complexa articulação acima exposta. Um bebê nasce da barriga de uma mãe. Esta, ao desempenhar seu papel como primeiro ego auxiliar da criança passa na sua relação com ela, na vivência do aqui e agora, mensagens representantes do seu próprio processo de cunhagem, ou seja, de como ela vivenciou seu papel de filha e como internalizou o papel de sua própria mãe. A mãe ao passar essas mensagens está veiculando conteúdos da matriz sociocultural na qual ela estará inserida. O bebê também internaliza os padrões específicos de relação entre os próprios pais e entre eles e o mundo extrafamiliar exemplificado pelo âmbito do trabalho. Portanto é nesse processo específico de cunhagem que é construída a identidade psicossocial do bebê, chamada por Moreno de matriz de identidade, na qual está contida a matriz sociocultural de sua família.

A vivência do bebê tanto objetiva como subjetiva, estabelecida com os familiares carrega consigo tanto a formatação do papel quanto seu conteúdo. Por formatação entende-se como tal papel é desempenhado, por exemplo: se a mãe do exemplo anterior realiza seu papel de mãe de uma forma descuidada repressora etc. Aqui poderemos nomear como a multiplicidade de Personagens que habita um Papel. Por conteúdo entende-se a compreensão ou não sobre o que levou essa mãe a desempenhar seu papel de mãe segundo estes moldes, na cunhagem do seu papel de filha, ou seja, na vivência relacional destes personagens com seus complementares.[1]

Tanto a forma como o conteúdo de um papel expressa de algum modo o processo de cunhagem do indivíduo que o está desempenhando. Dessa forma, na relação entre o bebê e a mãe ou aquela que exerce as funções maternas, o processo de cunhagem da identidade psicossocial do bebê, a qual é determinada de algum modo pelo processo de cunhagem da identidade psicossocial da mãe, representa uma determinada matriz social e a própria configuração sociométrica familiar. Os textos de Moreno não esclarecem suficientemente essa questão, embora outros autores posteriores, como Naffah Neto (1979) retomem a distinção entre matriz de identidade e matriz social.

Nesse momento nos cabe uma questão: parece que a resultante do processo de matrização, a própria cunhagem da identidade

---

[1] Muitos autores contemporâneos escreveram detalhadamente sobre esse processo relacional que traduz a saúde e a patologia dos vínculos: Bustos (2001) quando fala do *complementar interno patológico* nos clusters materno, paterno e fraterno; Nery (2003) quando pontua sobre as *lógicas afetivas de conduta* e Perazzo (2010) quando nos remete ao conceito de *equivalentes transferenciais no vínculo*.

psicossocial do indivíduo, é previamente determinada pela própria identidade psicossocial da primeira figura em relação com ele. Será isso uma verdade? O indivíduo, então, não carrega nada consigo que o permita entrar em relação? Algo que poderia desviar esse curso predeterminado? Algo que poderia recriar?

Moreno nos traz alguns conceitos que esclarecem essa questão. A motivação central da obra definida por ele como "filosofia do momento", mencionada anteriormente, não teria esse real status se não conduzisse ao conceito de espontaneidade, o qual representa o núcleo de sua Antropologia.

É a própria espontaneidade que pode garantir, de alguma forma, a possibilidade de o bebê entrar em relação com a mãe, à primeira figura com a qual será iniciado seu processo de matrização.

> Situação no nascimento. Para se entender o papel da espontaneidade na situação do nascimento devemos analisar o organismo que pode recorrer à sua ajuda...
>
> Tal como são as coisas, o bebê humano ingressa num mundo complicado e perigoso muito antes de seu organismo estar preparado para satisfazer suas necessidades prementes e, por conseguinte, a soma de ajuda de que necessita para sobreviver tem que ser muito maior e mais prolongada que no caso de qualquer outro filhote da classe primata... Muda de uma situação que lhe proporciona um equilíbrio seguro para um mundo que terá de ser conquistado para sobreviver nele e no qual terá de adquirir, gradualmente, um equilíbrio próprio. Ingressa nesse mundo de um modo tão súbito que o seu ajustamento bem sucedido é um dos grandes enigmas da vida... Ao nascer o bebê não dispõe de modelo algum, de acordo com o qual possa dar forma aos seus atos. Defronta-se com uma nova situação, mais do que em qualquer outra época de sua vida subseqüente. A esta resposta do indivíduo a uma nova situação e a resposta a uma antiga situação - chamamos ESPONTANEIDADE. Para que o bebê viva, essa resposta deve ser positiva e sem falhas.

> Deve ser rápida, reagindo ao estímulo do momento. Esta resposta pode ser mais ou menos adequada. Um mínimo de espontaneidade já é requerido no primeiro dia de vida (MORENO, 1984, p. 100-101).

Segundo a citação de Moreno, parece que a espontaneidade ("e") é característica da espécie humana, garantindo, consequentemente, a sua sobrevivência. O fator "e" pode ser constatado no próprio ato do nascimento.

Por outro lado Moreno também admite que a diminuição ou aumento dos estados espontâneos dependa factualmente do meio ambiente, ou seja, das oportunidades que esse pode oferecer ao indivíduo:

> O nosso pressuposto é que quanto maior for o número de novas situações maior é a probabilidade de que o indivíduo produza uma quantidade comparativamente maior de novas respostas [...] (MORENO, 1984, p. 139).

Desse modo, o autor levanta a hipótese de que o fator "e" não é estritamente um fator hereditário nem, estritamente, um fator ambiental, localizando-se entre a hereditariedade (genes) e as forças sociais (tele). Conceitos que serão a seguir definidos.

De qualquer forma, fica aberta a leitura de que o bebê ao entrar em relação com o mundo conta com algo que o capacite a não ser totalmente passivo no seu processo de matrização.

Os estados espontâneos requerem uma preparação chamada de aquecimento (*warming-up*). O conceito de aquecimento nos remete a três ideias: "é um desencadeante dos estados afetivos que acompanham a espontaneidade; é um intermediário entre a espontaneidade e criatividade; é a manifestação ou o sinal externo pelo qual sabemos se a espontaneidade começou a atuar" (GARRIDO, 1984, p. 153). Existem, ainda, três tipos de iniciadores para os estados espontâneos: os físicos, que seriam o próprio processo físico nos quais as contrações musculares desempenham papel principal; os mentais, ou psicológicos, caracterizados por imagens ou sentidos geralmente sugeridos por outros indivíduos; e os psicoquímicos, que seriam estimulações artificiais, tais como drogas e álcool.

O processo de aquecimento preparatório para os estados espontâneos engloba as noções de *zona* e *foco*. Para Moreno o bebê humano se vê compelido a formar seu mundo a partir de zonas limitadas e fragilmente relacionadas às quais estão desigualmente espalhadas pelo seu corpo. Desse modo, o bebê inicialmente seria a própria fragmentação, um conjunto de zonas – a visual, a nasal, a anal etc. – que ainda não estão inter-relacionadas.

A zona oral, por exemplo, é constituída não só pela boca, mas por todos os fatores que concorrem para que o ato em si aconteça.

Dito de outro modo, a zona oral é composta pela boca, pelo mamilo do peito materno, pelo leite e pelo ar. O exercício de uma zona ajuda a criança a concentrar-se em sua ação desencadeante e leva os elementos que a compõem convergirem para um foco. Para que isso ocorra é necessário um processo de aquecimento preparatório. No caso do bebê é o próprio sistema neuromuscular da zona determinada que desempenha esse papel fundamental. Exemplificando, pode-se entender que o processo de preparação para a zona oral, a ingestão do leite, envolve a participação dos tecidos neuromusculares dos lábios e do interior da boca. Isso leva o bebê a concentrar-se na ação ocasionada, o próprio ato de mamar cujo foco é a própria boca. Desse modo, cada processo de aquecimento tem um foco que se localiza numa zona específica seu *locus nascendi*.

> Toda zona é o ponto focal de um dispositivo físico de arranque num processo de aquecimento preparatório de um estado espontâneo de realidade, sendo tal estado ou estados componentes na configuração de um "papel" (MORENO, 1984, p. 108).

Isso nos leva a crer que no início da vida a criança se relaciona com a primeira figura, aquela que desempenha o papel de ego auxiliar com a qual construirá sua matriz de identidade por meio do exercício de zonas fragmentadas que envolvem partes de seu corpo e partes do ambiente externo.

No aquecimento preparatório os iniciadores físicos, para um determinado ato espontâneo, estimulam todos os componentes pertencentes a uma determinada zona convergindo à estimulação para um determinado foco. A criança se relaciona inicialmente com o mundo por meio de um conjunto de papéis que Moreno denominou de papéis psicossomáticos. Assim, os papéis psicossomáticos são compostos de focos que, por sua vez, têm seu *locus nascendi* em determinadas zonas correspondentes. O exercício deles é propiciado pelos iniciadores físicos que caracterizam o processo de aquecimento preparatório para tais atos espontâneos.

No início do processo de matrização o bebê se relaciona com a mãe por meio dos papéis psicossomáticos que seriam os de comedor dormidor, urinador etc. Na medida em que o aquecimento preparatório para um ato espontâneo tem por finalidade padrões de comportamento organizados mais ou menos complexos, dependendo de qual momento do processo de matrização o indivíduo se encontre, é altamente errôneo usar o termo espontâneo para descrever indivíduos que não têm controle sobre suas ações.

Assim como sua espontaneidade é erroneamente considerada como algo que está mais vinculado à emoção e à ação do que ao pensamento e ao repouso.

> O comportamento desordenado e os emocionalismos resultantes da ação impulsiva estão longe de constituir desideratos do trabalho da espontaneidade. Pertencem, ao contrário, ao domínio da patologia da espontaneidade. A espontaneidade pode estar presente numa pessoa tanto quando pensa como quando sente, ao descansar tanto quanto ao dedicar- se a uma determinada ação (MORENO, 1984, p. 163).

Moreno não fala de espontaneidade sem citar criatividade, vista serem intrinsecamente articuladas. Para ele a inter-relação é um fato, pois aponta uma implicação: "Sem criatividade a espontaneidade do universo tornar-se-ia vazia e estéril: sem espontaneidade a criatividade do universo se limitaria a um ideal sem eficácia e sem vida" (MORENO, 1983, p. 227).

Mesmo existindo uma implicação entre os dois conceitos, Moreno (1984, p. 157) os distinguem: "A criatividade pertence à categoria da substância – é a arqui-substância –, a espontaneidade à categoria dos catalisadores – é o arqui-catalisador".

A criança se utiliza de um aquecimento preparatório para um ato espontâneo de uma determinada zona, o qual converge para um foco específico, fazendo-a concentrar-se na ação ocasionada, que por sua vez é o próprio ato criador. A espontaneidade não pode ser vista, pode somente ser medida pela rapidez, adequação, ao contrário da criatividade que é a própria ação conquistada. Mas ela (criatividade) não se efetivaria se não fosse pela mediação de um catalisador – a própria espontaneidade. O catalisador é posto a serviço daquela mediante o processo de aquecimento.

Moreno (1983 p. XV) acrescenta que a forma mais elaborada da inteligência tem suas raízes na articulação entre a espontaneidade e a criatividade:

> A vinculação da espontaneidade com a criatividade significou um importante progresso, a forma mais elaborada de inteligência que conhecemos e o reconhecimento de que ambas são as forças primárias da conduta humana.

Dizer que a espontaneidade é o núcleo da antropologia moreniana implica adicionar a esse núcleo a noção de criatividade. Espontaneidade e criatividade traduzem de algum modo, a motivação central da obra de Moreno, a própria "filosofia do momento", na medida em que é no aqui e agora que esses conceitos se atualizam. O aqui e agora incorpora de alguma maneira a história do indivíduo, ou do grupo, e nos remete à matriz de identidade, o *locus* onde a primeira aprendizagem emocional se efetua, ou à sociometria, o estudo da medida dos vínculos entre os indivíduos. Nesse momento cabe uma questão: o que garantiria a própria relação entre os indivíduos desde os primórdios da matriz da identidade até posteriores relações grupais? A primeira ideia ingênua que surge poderia ser a própria sobrevivência humana.

Mas o que explicaria o colorido especial entre os indivíduos? Os padrões de atração e repulsa, os movimentos em direção a objetos e pessoas? Moreno, buscando essa explicação, cunhou o termo "fator tele".

> Tele foi definido como unia ligação que pode existir tanto entre indivíduos, como entre objetos e que no homem, progressivamente, desde o nascimento, desenvolve um sentido das relações interpessoais, sociais (MORENO, 1974, p. 52).

É o fator responsável pelo primeiro reflexo social da criança, o próprio movimento em direção a objetos e pessoas. Dessa forma, o fator tele "é o núcleo dos subseqüentes padrões de atração-repulsa e das emoções especializadas" (MORENO, 1984, p. 119) que o indivíduo vivenciará no seu meio-social.

> Tele é a percepção interna e mútua dos indivíduos, é o cimento que mantemos grupos unidos, É ZWEIFUHLUNG (tele), em contraste com EINFÜHLUNG (empatia)...
>
> Tele é uma estrutura primária, a transferência uma estrutura secundária. Após a dissipação da transferência, continuam operando certas condições tele. A tele estimula as parcerias estáveis e relações permanentes. Pressupõe-se que no desenvolvimento genético da criança, a tele surge antes da transferência (MORENO, 1984, p. 36).

O fator tele sendo o responsável pela ligação entre os indivíduos, atuando no sentido de garantir o estabelecimento de uma relação, seja com outros indivíduos, seja com objetos ou coisas, tem sua primeira expressão no próprio processo de matrização do sujeito. O fator tele, que se atualiza na tele ou transferência, está presente nos papéis que o indivíduo desempenha. No início do processo de matrização, os papéis psicossomáticos são os únicos que o bebê pode desempenhar. Desse modo, é no exercício deles que o fator tele, na condição de tele, pode ser atualizado.

Para o exercício dos papéis psicossomáticos, compostos por focos com seu *locus nascendi* em determinadas zonas, é preciso a mediação dos iniciadores físicos que fazem parte do processo de aquecimento preparatório para tais papéis, ou seja, os próprios atos espontâneos. Tais atos já expressam um mínimo de tele, na medida em que garantem um contato com a figura em relação em busca de uma sobrevivência. Como disse Gonçalves dos Santos, em aula no curso de Formação em Psicodrama do Instituto Sedes Sapientiae em 1986, o "fator e" parece ser a base, o conteúdo do fator tele. A criatividade pertence à categoria da substância e a espontaneidade à categoria dos catalisadores. A vinculação da espontaneidade com a criatividade, sendo as forças primárias da conduta humana, encontra uma expressão na própria relação do indivíduo que é o dono de tal ato com algum outro indivíduo. Dessa forma, é a articulação entre espontaneidade e criatividade a base ou conteúdo do fator tele. Perazzo (1994) faz uma revisão sobre esse conceito Tele, da qual concordamos, plenamente, visto que a articula com a posição sociométrica do sujeito no grupo, pontuando que é a cocriação visível, ou seja, referenda nosso posicionamento frente ao conceito tele ter como conteúdo a articulação entre espontaneidade e criatividade.

Apresentados alguns conceitos fundamentais da teoria moreniana, com a devida articulação entre eles, é o momento de nos colocarmos algumas outras questões.

Como se dá o desenvolvimento do indivíduo no decurso da matriz de identidade, o desenvolvimento de seus papéis, do "fator e" e do "fator tele"?

Quais as aquisições durante seu processo de matrização que tem como resultante a cunhagem de sua identidade psicossocial? Quando há a dissolução da matriz de identidade?

Já é sabido que o processo de matrização é a placenta social da criança e que, de algum modo, é predeterminado pela configuração sociométrica e sociodinâmica familiar, veiculando a matriz social. Assim, como descrito anteriormente, a relação que a criança estabelece com a primeira figura –mãe, posteriormente com o pai e com outras figuras – a ajuda na sua caminhada pelo reconhecimento de si, do outro e pela possibilidade de se colocar no lugar do outro, permitindo que este faça o mesmo com ela e desse modo conquistando a inversão de papel. Dessa forma, Moreno (1984), na tentativa de explicar esse desenvolvimento psicossocial da criança, divide a matriz de identidade em três partes, propondo cinco fases que a criança passa no decurso do processo de cunhagem de sua identidade, as quais se distribuem entre os denominados "dois universos infantis".

O Quadro I (ver p. 68) é a representação gráfica da matriz de identidade enquanto processo de desenvolvimento e foi criado na intenção de integrar os vários modos que Moreno (1984) encontrou para explicá-lo. Para facilidade de exposição, apresentarei primeiramente três figuras que representam como o mundo infantil é vivido pela criança nos diferentes momentos de seu processo de cunhagem, processo este que se encontra sintetizado no Quadro I. A Figura 1, representada pelo círculo grande o qual contém círculos menores entrelaçados com quadrados, tenta caracterizar como o bebê vive sua relação com o mundo que o cerca. Essa vivência pertence ao primeiro tempo do primeiro Universo Infantil representando a Matriz de Identidade Total Indiferenciada. Os quadrados menores representam objetos, coisas inanimadas, e os círculos pequenos pessoas, animais e os organismos vivos. Dessa forma, ainda não existe diferenciação para o bebê entre os organismos vivos e inanimados que o cercam.

Sua vivência, na ação, tanto com pessoas quanto com objetos indicam que os indivíduos e os objetos ainda não são experimentados como unidades separadas, mas que se funde em diversas configurações:

> A mamadeira pertence à mão que a segura e ambas pertencem aos lábios, no ato de mamar. As configu-

rações que a criança experimenta são determinadas por atos... (MORENO. 1984. p. 126).

Desse modo, não só existe indiferenciação entre os organismos vivos e os inanimados, mas ainda uma indiferenciação entre eles e os próprios atos do bebê. Ora, os atos do bebê, nesse momento, expressam o exercício dos papéis psicossomáticos, tais como o de comedor, urinador etc. Esses atos ocorrem em consequência de um processo de aquecimento, o qual engloba a zona e o foco. Como a zona seria tudo que concorre para que o ato aconteça e o foco o ponto final no qual a ação é efetivada, o bebê experimenta as partes do processo como algo único, não diferenciando a zona do foco e do próprio ato desencadeado. Nesse momento o bebê ainda não tem condições de durante o processo de aquecimento preparatório para um ato espontâneo deixar uma parte de seu ego afastada do ato em si, o que possibilitaria a sua recordação posterior, na medida em que nem seu ego está inteiramente constituído e nem ainda existe diferenciação entre as próprias partes do processo de aquecimento e o ato em si. Isso acarreta que não existe possibilidade de se recordar o que ainda não foi registrado. Nesse sentido, nesse momento da matriz, a criança não pode ter ainda noções de temporalidade:

> Essa absorção integral da criança no ato para o qual está se aquecendo é a razão básica das duas dimensões do tempo – a dimensão do passado e a do futuro – não estarem desenvolvidas... (MORENO, 1984, p. 117).

1º UNIVERSO: 1º TEMPO
MATRIZ DE IDENTIDADE TOTAL INDIFERENCIADA

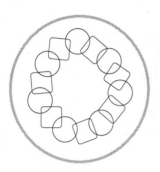

CARACTERÍSTICAS:
- Caótico indiferenciado
- Eu e tu misturados
- Exercício dos papéis psicossomáticos
- Atemporalidade; não diferenciação espacial
- Não diferenciação do fator tele

FASE: INDIFERENCIAÇÃO

Figura 1 – Representação, segundo Moreno (1984), da vivência infantil referente ao primeiro tempo, do primeiro universo da Matriz De Identidade Total Indiferenciada
Fonte: Moreno, 1984.

Dessa forma, o tempo infantil tem apenas uma dimensão: o presente. A criança efetua o aquecimento preparatório para situações imediatas, comportando-se como se sofresse de uma síndrome de fome de atos.

Se a criança não consegue diferenciar o seu próprio corpo dos objetos e pessoas, pois os experimenta como unidades fundidas, ainda não consegue ter a noção do espaço que as coisas ocupam. Na verdade, o espaço existe enquanto o ato espontâneo acontece. O espaço psicológico do bebê desenvolve-se a partir do exercício dos receptores de distância física, como os visuais e auditivos, que nesse momento, somente, conseguem delinear os contornos físicos do espaço e não as relações de proximidade e distância. O desenvolvimento da capacidade de estabelecimento das relações de proximidade e distância é que anuncia o surgimento do fator tele, que nesse momento está indiferenciado:

> Em sua forma primitiva; o fator tele deve ser indiferenciado de uma tele de Matriz de Identidade; gradualmente, dá-se a separação de uma tele para objetos e uma tele para pessoas. Uma tele positiva separa-se de uma negativa, uma tele para objetos reais de uma tele para objetos imaginários (MORENO, 1984, p. 119).

Para Moreno, como já foi exposto anteriormente, o ato do nascimento já exige um mínimo de espontaneidade. Dessa forma, no primeiro tempo do primeiro Universo Infantil, na Matriz de Identidade Total Indiferenciada, o fator "e" aumenta em frequência e quantidade, mas pouco em estabilidade. Ele atua mediante o exercício dos iniciadores físicos do processo de aquecimento preparatório, assim como mediante a ajuda do ego auxiliar:

> O fator "e" é um agente ativo em favor da criança, muito antes que a inteligência e a memória desenvolvam novos métodos de orientação para a criança (MORENO, 1984, p. 131).

Assim, para Moreno, o primeiro tempo do primeiro Universo Infantil chamado de Matriz de Identidade Total Indiferenciada caracteriza a primeira fase que a criança vivencia no seu processo de matrização:

> A primeira fase consiste em que a outra pessoa é formalmente uma parte da criança, isto é, a completa e espontânea identidade (MORENO, 1984, p. 112).

Posteriormente Fonseca Filho (1980) irá desdobrá-las em duas fases denominadas por ele de Indiferenciação e Simbiose.

A Figura 2 caracteriza o segundo tempo do primeiro Universo Infantil, representando a Matriz de Identidade Total Diferenciada. O círculo grande representa o próprio universo infantil que contém, nesse momento, círculos pequenos que representam organismos vivos e quadrados pequenos que representam objetos. Não estão mais entrelaçados porque já são experimentados como unidades que atuam separadamente embora estejam todos incluídos no círculo grande porque a criança atribui-lhes o mesmo grau de realidade – a que se efetiva enquanto o ato espontâneo está acontecendo. Moreno acrescenta ao mundo infantil círculos tracejados que representam indivíduos imaginados e quadrados tracejados que representam objetos imaginados, diferenciados uns dos outros, mas considerados igualmente reais, tais como indivíduos reais e objetos reais. Essa vivência infantil é a precursora de uma posterior capacidade, a do discernimento entre fantasia e realidade. Na medida em que o sentido de proximidade e distância vai se desenvolvendo, a criança começa a ser atraída para pessoas e objetos ou afastar-se deles, pois já os experimenta como unidades separadas. Ora, essa atração ou repulsa é o que, de fato, indica o aparecimento do fator tele.

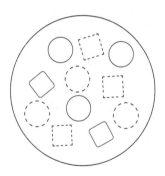

1ºUNIVERSO: 2ºTEMPO
MATRIZ DE IDENTIDADE TOTAL DIFERENCIADA

CARACTERÍSTICAS:

- Esboço do surgimento do fator tele
- Esboço de diferenciação entre uma tele para objetos e outra para pessoas, uma positiva e outra negativa
- Papéis psicossomáticos se desenvolvendo
- Inicia-se adiferenciação espaço/temporal

FASE: RECONHECIMENTO **EU**
RECONHECIMENTO **TU**

Figura 2 – Representação, segundo Moreno (1984), da vivência infantil referente ao segundo tempo, do primeiro universo, correspondente à Matriz de Identidade Total Diferenciada
Fonte: Moreno, 1984.

> Este é o primeiro reflexo social indicando o aparecimento do fator tele, e é o núcleo dos subseqüentes padrões de atração-repulsa e das emoções especializadas (MORENO, 1984, p. 119).

Dessa forma, inicia-se a diferenciação entre uma tele para objetos e pessoas, as quais já são experienciados pela criança como unidades separadas; entre uma tele positiva e negativa, o que indica os sinais de atração e repulsa. O crescimento do sentido de proximidade e distância não só estimula o desenvolvimento do fator tele como o próprio fator tele estimula o desenvolvimento dos receptores físicos visuais e auditivos do córtex cerebral, os próprios responsáveis pelo sentido de proximidade e distância.

Moreno não discute detalhadamente o desenvolvimento das noções espaço temporal nesse momento da matriz. De qualquer forma parece que na medida em que o desenvolvimento dos receptores de distância física, como os visuais e auditivos, capacitam a criança às primeiras noções de proximidade e distância, ela já realiza alguma diferenciação espacial, desprendendo-se gradualmente da possibilidade de vivenciar somente os contornos físicos do espaço. A criança continua exercitando seu papel psicossomático mediado pelo processo de aquecimento preparatório visando ainda à dimensão apenas presente, isto é, às situações imediatas. Desse modo, a noção psicológica de tempo se relaciona à duração do próprio ato. Como o ato espontâneo já é o resultado da interação de várias zonas corporais, pois o desenvolvimento garante a complexidade dessa interatuação, convergindo numa cadeia de zonas ou segmentos corporais, a criança experimenta uma ação também mais complexa. Nese sentido a noção psicológica de duração do ato também acaba sendo maior, embora vise à dimensão apenas presente. A interatuação das diversas zonas corporais, assegurada pela interatuação dos processos específicos de aquecimento preparatório garante a unificação das várias áreas do corpo que até então eram experimentadas como partes fragmentadas:

> Certas zonas que eram comparativamente separatistas começam interatuando mais e convertem-se numa cadeia de zonas e segmentos corporais... Assim

> os processos específicos de aquecimento preparatório interatuam e o resultado será um conjunto de dispositivos físicos de arranque, digamos, os da zona oral excitando gradualmente a zona da garganta e a zona anal, redundando numa espécie de contraparte da segmentação corporal... O organismo da criança, que consistia originalmente num dado número de segmentos separados, sobrepostos às várias zonas do organismo, começará a fundi-los em vastas áreas do corpo (MORENO, 1984, p. 109).

Segundo Moreno, a vivência da criança no segundo tempo do primeiro Universo Infantil, na chamada Matriz de Identidade Total Diferenciada, caracteriza a segunda e a terceira fase do seu processo de matrização:

> A segunda fase consiste em que a criança concentre a sua atenção na outra e estranhe parte dela.
>
> A terceira fase consiste em separar a outra parte da continuidade da experiência e deixar de fora todas as demais partes, incluindo ela mesma (MORENO, 1984, p. 112).

Dessa forma, a capacidade da criança em se concentrar no objeto ou pessoa com a qual se relaciona e não mais no próprio ato em si, mostra que já consegue um mínimo de diferenciação entre ela e as coisas, entre ela e as pessoas e entre as coisas e as pessoas. Fonseca Filho (1980) denomina essas fases por reconhecimento do eu e reconhecimento do tu.

A Figura 3 é a representação da Matriz da Brecha entre Fantasia e Realidade. É a vivência da criança no denominado segundo Universo Infantil. O círculo grande superior "A" é a própria representação do mundo subjetivo da criança durante o decurso de Matriz de Identidade Total Diferenciada ou o momento anterior do seu processo de matrização. Os dois círculos inferiores representam sua atual vivência. Desse modo, o círculo "B" representa o mundo da realidade e o círculo "C" o mundo da fantasia, caracterizando a nova possibilidade conquistada pela criança: a de discernimento entre objetos e pessoas reais de objetos e pessoas imaginadas, ou melhor, representadas mentalmente. Nesse momento sua possibilidade de experienciar o mundo ao redor se ampliou e essa é atualizada pelo exercício de dois novos cachos de papéis: os papéis sociais, referentes ao mundo da realidade, e os psicodramáticos referentes ao mundo da fantasia. Entre os sociais têm-se os papéis de pai, de mãe de médico etc., e entre os psicodramáticos os papéis de "fadas", de meu "pai", "minha mãe" etc. O primeiro cacho de papéis expressa o "como é" e o segundo o "como se".

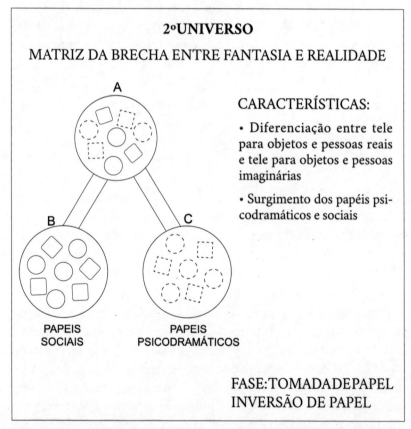

Figura 3 – Representação, segundo Moreno (1984), da vivência infantil referente ao segundo universo, correspondente à Matriz da Brecha Entre Fantasia e Realidade
Fonte: Moreno, 1984.

Acreditamos ser mais fidedigno usar o termo papéis psicodramáticos para todos os papéis que são jogados no contexto dramático classificando, dessa forma, os papéis aqui denominados de psicodramáticos como papéis imaginários, tal qual Naffat Neto (1979) havia postulado.

> Enquanto a Brecha não existia, todos os componentes reais e fantásticos estavam fundidos num só conjunto de papéis, os papéis psicossomáticos. Mas na divisão do universo em fenômenos reais e fictícios, surgem gradualmente um mundo social e um mundo de fantasia, separados do mundo psicossomático na matriz de identidade. Estão agora surgindo formas de representação de papéis que correlacionam a criança com pessoas a si mesma, e a pessoa, objeto e metas que ela imagina estarem fora de si mesma. Dá-se-lhes o nome, respectivamente, de papéis sociais (o pai) e papéis psicodramáticos (o Deus) (MORENO, 1984, p. 12).

Moreno acrescenta que os papéis psicodramáticos (imaginários) surgem anteriormente aos papéis sociais:

> Os papéis sociais desenvolvem-se nunca fase subseqüente e apoiam-se nos papéis psicossomáticos e psicodramáticos, como formas anteriores da experiência (MORENO, 1984, p. 28).

Disso resulta que a criança não consegue mais continuar com a uniformidade de seu primeiro universo, no qual todos os processos de aquecimento preparatório para o ato espontâneo visavam o exercício dos únicos papéis possíveis de serem desempenhados, os papéis psicossomáticos, garantindo a sua relação com o mundo ao redor. Nesse momento do seu processo de matrização a criança pequena desenvolve dois caminhos emocionais em seu universo com a formação de dois conjuntos de processos de aquecimento preparatório, um para os atos de realidade e outro para os atos de fantasia.

> Quanto mais profundamente talhados estiverem esses caminhos, mais difícil se torna passar

de um para o outro sob o estímulo do momento (MORENO, 1984, p. 123).

O fator que garante esse trânsito livre é a espontaneidade. Pode acontecer que esses dois caminhos se desenvolvam paralelamente ocasionando uma vivência em duas dimensões ao mesmo tempo uma real e outra irreal sem que essa divisão perturbe a criança, o que seria mais saudável. Embora o que geralmente ocorre à personalidade é uma tentativa de uniformidade novamente, de união desses dois caminhos com o propósito de reestabelecimento do status original. Moreno (1984, p. 124) acrescenta que "estes esforços devem provocar colisões entre os dois caminhos, produzir bloqueios e levar o fluxo de espontaneidade à inércia".

Parece que o pressuposto de homem saudável como aquele que é espontâneo- criativo, o qual tem possibilidades de trânsito livre entre a fantasia e a realidade se origina dessa concepção de desenvolvimento assim como é legitimado pelo processo da criança no decorrer de sua "matrização".

Para o autor o indivíduo vivencia uma contínua luta no seu íntimo na tentativa de manter um equilíbrio entre esses dois diferentes caminhos nos quais a sua espontaneidade tenta fluir.

No início do seu desenvolvimento o fator "e" fluía por meio dos papéis psicossomáticos o único caminho que existia para sua expressão garantindo, de algum modo, a sobrevivência do bebê. Com a Brecha entre fantasia e realidade o fluxo do fator "e" passa a ter dois novos caminhos para se atualizar o que de alguma forma mantêm uma relação de liderança um em relação ao outro, não conseguindo expressar um equilíbrio no decorrer do desenvolvimento. No início da Brecha entre fantasia e realidade a inteligência, a memória e as forças sociais passam a ser subordinada ao fator "e", relação essa que se inverte no decorrer do desenvolvimento, no qual os estereótipos sociais e culturais o dominam.

Com a Brecha entre fantasia e realidade tem lugar um novo surto de fator "e". Por algum tempo é como se fosse capaz de fazer a inteligência, a memória e as forças sociais subordinadas suas.

> Chega a um ponto, no desenvolvimento infantil, em que a inteligência e a memória assumem a liderança, e o fator "e" vê-se cada vez mais forçado a uma situação de subserviência em relação a ambas... Finalmente submete-se aos poderosos estereótipos sociais e culturais que dominam o ser humano. Daí em diante, à medida que a criança ganha em anos, o fator "e" converte-se na função esquecida (MORENO, 1984, p. 131).

Da mesma forma que o fator "e", nesse momento do desenvolvimento, se expressa pelos papéis imaginários e sociais, o fator tele também se atualiza por meio dos exercícios deles. Assim, no momento da Brecha entre fantasia e realidade surge uma tele para objetos e pessoas reais e outra para objetos e pessoas imaginários.

Se o fator "e" acaba sendo subordinado às forças sociais com o decorrer do desenvolvimento e converte-se, com isso, numa função esquecida e se o fator "e", ou ainda, a articulação entre espontaneidade e criatividade é a base, o conteúdo do fator tele, parece que o desenvolvimento leva o fator tele, na condição de tele atualizada pelos papéis imaginários e sociais a uma subordinação ao preestabelecido culturalmente. Se isso é fato, o indivíduo com maior possibilidade de transitar livremente entre sua fantasia e a realidade, com meios que lhe permita ganhar domínio da situação, deixa fluir seu fator "e" ampliando seu campo de relações que engendrem tele. Por relação que engendre tele entende-se hoje, tal qual Perazzo (2010) anunciou com sua revisão, uma *cocriação* que acontece num determinado momento e contexto, a partir da complementariedade dos papeis em jogo, num determinado campo sociométrico, incluindo a transferência. A impossibilidade de cocriação, portanto é condição para vínculos que não engendrem tele. Ora, é possível cocriação num campo transferencial? Sim, no entanto mostra as patologias da construção dos vínculos e do campo sociométrico no qual emergem essas cocriações, dando visibilidade para a *episteme distorcida* do grupo. Quando existe cocriação, focando a perspectiva transferencial, podemos dizer que o grupo, naquele momento, é arrastado para um campo no qual os equívocos se produziram e foram retroalimentados. Será falado mais sobre isso na Parte II deste livro, quando os casos clínicos de criança e seus vínculos familiares forem apresentados, introduzindo, também, os conceitos de coinconsciente e de Realidade Suplementar, tão caros para nós psicodramatistas, mas ainda não mencionados nesta Parte I. A questão do equívoco de nomear os conceitos de tele e transferência como opostos veio do próprio Moreno (1946), o que obrigou os contemporâneos a refletir melhor sobre o campo *tele-transferencial* como um continuum, uma vez que na constituição do sujeito também opera mecanismos de projeção e introjeção, no entanto quando o mecanismo de projeção é maciçamente usado num momento no qual o sujeito já poderia ter outros recursos internos e relacionais, por exemplo, condições de inversão de papel, o que pressupõe um reconhecimento do Eu e do Tu, atribuímos esse fenômeno como uma patologia, uma vez que o sujeito projeta seus significados particulares provenientes de suas íntimas vivências ainda não elaboradas ao papel que o Outro desempenha, não conseguindo cocriar com ele ou, até mesmo, como falado anteriormente, cocriando a partir de projeções mútuas, falsas premissas. A nova possibilidade conquistada pela criança no segundo universo do seu processo de matrização, na chamada matriz da Brecha entre fantasia e realidade, representante da sua condição de expressar-se por meio dos papéis imaginários e sociais, os quais atualizam e diferenciam o fator tele, é vivida nas fases de Tomada de Papel e Inversão de Papel, as duas últimas fases da Matriz de Identidade como um processo de desenvolvimento. Por tomada de papel se entende a capacidade da criança em fazer o papel do outro (pessoa ou objeto, real ou imaginário) e por inversão de papel, a sua capacidade em representar o papel desse outro, permitindo que ele represente seu papel.

> A quarta fase consiste em que a criança situe-se ativamente na outra parte e represente o papel desta. A quinta fase consiste em que a criança represente o papel da outra parte a respeito de uma outra pessoa, a qual, por sua vez, representa o seu papel. Com esta fase, completa-se o ato de inversão de identidade (MORENO, 1984, p. 112).

Fonseca Filho (1980) desdobra essas duas fases em seis outras: relações em corredor, pré-inversão triangulação circularização, inversão de papéis, encontro Eu-Tu.

A fase de tomada de papel é necessariamente anterior à de inversão. Nesse sentido tomar um papel, seja ele imaginário ou social, é uma conquista da criança no decurso de seu processo de matrização que antecede à possibilidade de inversão.

O que possibilita, na fase da tomada de papel, a criança situar-se ativamente numa parte do outro e representá-la é o fator tele. Do mesmo modo, o que possibilita a criança a representar o papel da outra pessoa, a qual representa o seu papel, é também o fator tele, na condição de tele atualizada tanto na vivência de um papel imaginário como na de um social. Dessa forma, o fator tele garante a possibilidade de a criança experimentar inicialmente, como suas, tantas quanto forem às partes pertencentes ao Outro, existentes no seu meio imediato, por meio da tomada de papel. Garante, posteriormente, a experiência de vivenciar as partes do outro como pertencentes ao próprio Outro, por meio da inversão propriamente dita. Ora, o projeto do desenvolvimento é levar o indivíduo ao estabelecimento de uma relação com essa qualidade denominada por Moreno (1984) de encontro:

> Um encontro de dois: olhos nos olhos, face na face. E quando estiveres perto, arrancar-te-ei os olhos e coloca-los-ei no lugar- dos meus: E arrancarei meus olhos para colocá-los no lugar dos teus; Então ver-te-ei com os teus olhos. E tu ver-me-as com os meus. Assim, até a coisa comum serve o silêncio. E nosso encontro permanece a meta sem cadeias: O Lugar indeterminado, num tempo indeterminado. A palavra indeterminada para o Hamem indeterminado (traduzido de *Einlaudung preiner Begegnong*, por J. L. MORENO, publicado em Viena, 1914. p. 3).

Moreno acrescenta que o fator tele se torna mais forte com a idade é o responsável pela maior tendência de reciprocidade na escolha real de indivíduos:

> O fator tele é o responsável pela maior tendência de reciprocidade na escolha real do que seria de se esperar a partir das probabilidades da escolha ao acaso... O número de escolhas não recíprocas é maior no jardim de infância e nos primeiros anos de escola primária que nos anos mais adiantados e se aproxima mais dos números obtidos nas escolhas ao acaso... Como o fator tele se torna mais forte com a idade, exerce uma influência maior sobre as estruturas que o fator probabilidade... o aumento das relações recíprocas ou em cadeia, paralelo a crescente maturidade dos indivíduos, levou-nos a hipótese de um principio elementar, o tele, tendo a transferência como ramificaão psicopatológica e a empatia como ramificação psicológica (MORENO, 1974, p. 53-54).

Desse modo, é somente a partir da Brecha entre Fantasia e Realidade, com a diferenciação do fator tele em tele para objetos e pessoas reais e tele para objetos e pessoas imaginárias que a criança estabelece e pode alcançar o projeto do desenvolvimento: a possibilidade de inversão de papel e o verdadeiro Encontro.

Aqui cabe refletirmos sobre a relação entre o fator tele e a articulação entre espontaneidade-criatividade. Já sabemos que a tendência do desenvolvimento cunha uma grande divisão nesse 2º Universo da Matriz, a partir dos dois novos cachos de papéis, fazendo com que o fator "e", gradualmente, submeta-se às forças da inteligência, memória e forças sociais. Quando Moreno nos diz na citação anterior que a tele se torna mais forte com a idade, pensamos que a articulação entre espontaneidade-criatividade, como a base/conteúdo do fator tele, também deveria se tornar mais forte com a idade. Mas sabemos que as forças sociais tendem a dominar a espontaneidade criadora e é necessário um trabalho árduo para nos recriarmos sempre. Nesse sentido, a partir da Brecha entre Fantasia e Realidade concordamos com Fava (1997) que o termo mais adequado quer para o sujeito epistêmico, quer para o sujeito psicológico, seria a *telespontaneidade*.

A identidade psicossocial da criança vem sendo cunhada desde o seu nascimento. No início do processo de matrização ela requer muito mais assistência do ego auxiliar – a própria mãe – na medida em que suas condições de se relacionar é efetivada somente pelo exercício dos papéis psicossomáticos. Com a Brecha entre Fantasia e Realidade a soma de suas atividades torna-se cada vez maior, pois são atualizadas pelos dois novos cachos de papéis: os imaginários e os sociais. Para Moreno

> [...] a vivência dos papeis psicossomáticos leva a criança a experimentar o que se chama por corpo, a dos papeis psicodramáticos (aqui nomeamos como imaginários) a que se designa por "Psique", e a dois papeis sociais a que se denomina "sociedade" (MORENO, 1984, p. 26).

O ego auxiliar – a própria mãe – assiste a criança na formação de seus papéis, os quais delimitam as três áreas do "eu total": corpo, psique e sociedade, permitindo-lhe, gradualmente, mais independência:

> Esse processo de intercomunicação entre mãe e filho é a matriz que alimenta a primeira adoção, pela criança, de um papel independente. A Matriz de Identidade dissolve-se gradualmente à medida que a criança vai ganhando em autonomia [...].

(MORENO, 1984, p. 114-5).

Portanto, a vivência dos papéis psicossomáticos, imaginários e sociais no decorrer da Matriz de Identidade, como um processo de desenvolvimento, leva a cunhagem da identidade psicossocial do indivíduo, cujas áreas são corpo, psique e sociedade.

Dessa forma, o verdadeiro "eu" surge das vivências parciais dos papéis, dos "eus-parciais", levando um longo tempo para se construírem processos de conexão entre eles. Esses são determinados pelos vínculos operacionais que se estabelecem entre os diversos papéis pertencentes à mesma categoria:

> Sabemos que entre o papel sexual, do indivíduo que dorme, o do que come, desenvolvem-se vínculos operacionais que os conjugam e integram numa unidade... poderíamos considerá-la uma espécie de eu fisiológico, um "eu" parcial. A dedicação corporal do bebê a mãe é precursora do comportamento posterior no papel sexual [...]. Do mesmo modo, no decurso do desenvolvimento, os papéis psicodramáticos [papéis imaginários] começam se agrupando e formam uma espécie de "eu" psicodramático; e, finalmente, acontece o mesmo com os papeis sociais, compondo uma espécie de "eu" social (MORENO, 1984, p. 26).

Desse modo, usando novamente as palavras de Moreno, "os papéis são embriões, os precursores do eu, esforçando-se por se agrupar e unificar... a alma não está no começo, mas no final da evolução" (MORENO, 1984, p. 25-6).

A construção dos "eus" parciais, assim como sua integração, vai depender do como os diversos papéis do sujeito que delimitarão as áreas corpo, psique e sociedade serão vivenciados durante o processo de matrização. Esse veicula a matriz social e a configuração sociométrica e sociodinâmica familiar, assim como a atualização ou não da espontaneidade-criatividade e do fator tele por meio do processo de aquecimento preparatório.

> A maneira pela qual se está no mundo nas fases iniciais da vida e as condições em que são estabelecidas as ligações com a mãe, com o pai, com pai e mãe, com irmãos, com a família, com os colegas e com os amigos, irão por assim dizer, inscrever-se em sua personalidade... Esses fatores ambientais, psicológico — sociais, juntamente com os hereditários, significam a estrutura básica desse futuro adulto no mundo (FONSECA FILHO, 1980, p. 104).

Com isso descrito, finalizam-se os comentários sobre as três figuras que estão reunidas no Quadro I.

O esquema de Desenvolvimento Humano proposto posteriormente por Fonseca Filho (1980) desdobra as cinco fases que a criança passa no decurso do seu processo de matrização em 10 fases, no intuito de especificar os tipos de relação estabelecida entre ela e o mundo que a cerca. Dessa forma, sua contribuição é indispensável para os propósitos do atual trabalho.

O Quadro II contém essas informações que serão detalhadas a seguir.

O Esquema do Desenvolvimento Humano proposto por Fonseca surgiu a partir de suas correlações entre as teorias de Moreno e Buber, o ser humano na visão desses autores "é um ser cósmico, vem do cosmos, e vai para o cosmos. O cosmos é o seu berço de nascimento e de morte. O homem pertence à cosmogonia[2], cosmogenia[3] e a cosmologia[4]." (FONSECA, 1930, p. 84). Esse entendimento facilita a compreensão tanto do tipo de relação que a criança estabelece ao nascer, quanta aquela que deveria estabelecer no final do seu desenvolvimento. Dito de outro modo, a criança, ao nascer experimenta uma vivência cósmica na medida em que não existe diferenciação entre ela e o mundo. É a caracterização de sua primeira fase de desenvolvimento. O término do desenvolvimento culmina com a possibilidade do Encontro Eu-Tu que é caracterizado, também, por uma vivência cósmica, perda de identidade pessoal, temporal e espacial. Contudo, a resultante dessa última fase é o fortalecimento da *organização* da própria identidade e não mais a formação da mesma.

---

[2] Cosmogonia – Sistema hipotético da formação do universo.
[3] Cosmogenia – Compreensão do "destino-cósmico do homem".
[4] Cosmologia – Estudo das leis gerais que regem o mundo físico.

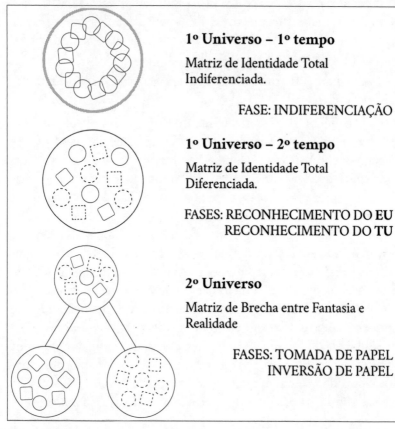

Quadro I – Representação da Matriz de Identidade enquanto um processo de desenvolvimento
Fonte: a autora.

Continuando os comentários do Quadro II, percebe-se que entre as fases de *Indiferenciação* e a do *Encontro Eu-Tu*, Fonseca Filho (1980) descreveu outras oito fases, as quais todos os seres humanos tendem a vivenciar. A criança que não se diferenciava do mundo ao seu redor, vagarosamente, inicia a diferenciação da *Realidade Total*, entrando na fase chamada *de simbiose*.

> Com o desenvolvimento da criança, a vivência de identidade cósmica começa a diluir-se. A criança

vai caminhando para ganhar sua identidade como pessoa, como individualidade para discriminar o "outro" o Tu e o mundo. Mas ainda não consegue totalmente. Assim teríamos a criança ainda unida por uma forte ligação com a mãe. (FONSECA FILHO, 1980, p. 86).

A seguir, a criança entra na fase do *Reconhecimento do Eu*, que acaba sendo concomitante ao *Reconhecimento do Tu*. A primeira implica um movimento centrípeto sobre si e a segunda um movimento centrífugo. Ora ela centra-se em suas sensações corporais, ora nas características do objeto, na descoberta do corpo do outro, nas reações que o outro tem frente as suas iniciativas. Caminhando, ela entra na fase de *corredor*, na qual estabelece relacionamentos exclusivistas e possessivos, acreditando que o Tu existe só para ela. A seguir, entra na fase da pré-inversão, na qual *toma o papel* do outro, exercita ser o outro, mas ainda sem a reciprocidade e mutualidade características da maturidade. Logo após, entra na fase da *triangulação*, na qual aprende a se relacionar com um Tu-Ele, isto é, apercebe-se que o Tu mantem relações com outros, independente dela. Segue-se a fase de *circularização*, na qual a criança passa a entrar em contato com vários Tus, mais do que duas pessoas ao mesmo tempo. É a fase da *socialização* da criança que *"Vencendo as etapas de relacionamentos bipessoais e triangulares, o indivíduo ganha a perspectiva de relacionar-se com o eles e, em seguida, também, de sentir-se parte de um conjunto... e deixar-se entrar no mundo do nós"* (FONSECA FILHO, 1980, p. 5). Segue-se a fase da *inversão de papéis* propriamente dita. É nesse momento que o indivíduo consegue estabelecer relações de reciprocidade e mutualidade, culminando o desenvolvimento de sua tele, atualizada por meio do desempenho de vários papéis.

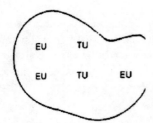

Indiferenciação
- criança e mundo são misturados
- ego auxiliar (mão) complementa as necessidades da criança

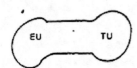

Simbiose
- criança começa a ganhar identidade para discriminar o outro, mas não conhece totalmente
- existe ainda uma forte ligação com a mãe

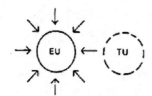

Reconhecimento do EU
- reconhece a si mesma tomando consciência de seu corpo como separado do mundo

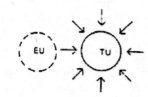

Reconhecimento do TU
- percebe o outro que sente e reage em relações as suas iniciativas

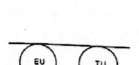

Relação em corretor
- brecha entre Fantasia e Realidade
- começa a se relacionar com os tus, um de cada vez, sendo que o tu existe somente para ela

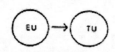

Pré-inversão
- começa a inverter os papéis mas sem a reciprocidade da maturidade pois ainda não tem estrutura para tal

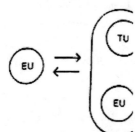

Triangulação

- relacionamento passa de bipessoal à triádico
- outros se relacionam entre si independente dela

Circularização

- criança começa a se relacionar com mais pessoas, portanto, é sua fase de socialização
- sente-se parte do conjunto (nós)

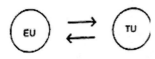

Inversão de papéis

- plena capacidade de realização de relação de reciprocidade e mutualidade

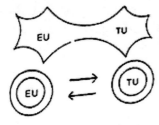

Encontro eu-tu

- acontece de forma intensa, entrega mútua perda de identidade pessoal temporal e espacial
- Fortalecimento de sua própria identidade eu mais eu tu mais tu

Quadro II – Esquema de Desenvolvimento Humano segundo Fonseca Filho (1980)
Fonte: a autora.

Depreende-se pelo Quadro II que tudo que é conquistado pela criança, na sua relação com o mundo, numa fase, é pré-requisito para ela vivenciar a seguinte de uma forma plena, concorrendo para o objetivo final que é a Inversão de Papéis e a decorrente possibilidade de encontro. Isso quer dizer que a criança que não consegue vivenciar sua fase de Reconhecimento do Eu-Tu, por exemplo, de uma forma satisfatória, na qual tenha os devidos cuidados maternos, do seu ego auxiliar, o qual nesse momento do desenvolvimento deve permitir que a criança reconheça as situações tais quais se apresentam, terá dificuldade no decurso do seu processo de matrização em vivenciar de uma forma plena e saudável uma fase posterior. Dessa forma, a possibilidade de Encontro, fase final do desenvolvimento, é a resultante final de todo um processo que se inicia com o nascimento, ou mesmo com a própria concepção do bebê. Moreno (1984, p. 26) já havia afirmado que "a alma não está no começo, mas no final da evolução". Fonseca Filho (1980, p. 54) acrescentaria: "Do cosmos veio o Homem e no cosmos se encontrá".

Parece-nos legítimo refletir sobre nossa corresponsabilidade em atualizarmos no nosso cotidiano social, político e econômico, o qual é sempre atravessado pelas relações interpessoais, a grandeza no sentido do *necessário* e do *possível* de perseguirmos nossa humanidade, expressão fiel de relações que possam engendrar tele, de relações que possam efetivar, portanto, a inversão de papel e quem sabe, em alguns momentos da vida, o encontro.

CAPITULO II

DESENVOLVIMENTO COGNITIVO SEGUNDO J. PIAGET

Do mesmo modo que descrevi o pressuposto de Ser Humano para Moreno, tentarei faze-lo para Piaget.

Piaget baseou-se numa perspectiva biológica do desenvolvimento. Para ele o Ser Humano é a forma mais complexa de vida a qual estabelece um equilíbrio progressivo com seu meio (PIAGET, 1975). "A vida é uma criação contínua de formas cada vez mais complexas e o estabelecimento de um equilíbrio progressivo com seu meio ambiente" (PIAGET, 1975, p. 15).

Dizer que o Ser Humano é a forma mais complexa de vida significa garantir à inteligência uma forma particular de adaptação biológica.

> Afirmar que a inteligência é um caso particular da adaptação biológica equivale, portanto, a supor que ela é essencialmente uma Organização e que sua função consiste em estruturar o Universo tal qual o organismo estrutura o meio imediato (PIAGET, 1975, p. 15).

Nesse sentido, Piaget insere a inteligência humana no quadro das duas funções biológicas mais genéricas: a organização e a adaptação, conferindo à inteligência humana uma existência particular delas.

Como a inteligência humana é um caso particular da adaptação biológica e, ao mesmo tempo, uma organização, o pensamento humano também empresta da biologia, ou seja, de qualquer forma de estruturação de que a vida é capaz, o seu mecanismo funcional. Este é regido por duas invariantes funcionais, as quais Piaget denominou assimilação e acomodação (PIAGET, 1975).

Entender o homem como um ser em relação com o meio é entendê-lo como uma espécie biológica que garante as leis de sobrevivência ao adaptar-se a ele. O que permite essa adaptação são as duas invariantes funcionais citadas: a assimilação e a acomodação. No caso do ser humano, elas regulam a estruturação do pensamento, característica da inteligência da espécie em questão.

Mas o que é assimilação e acomodação além de serem as duas invariantes funcionais que regulam qualquer forma de estruturação viva? O processo de assimilação no ser humano se resume na incorporação do mundo, pessoas, objetos, situações, aos esquemas/ estruturas que a criança pode contar para entrar em relação (PIAGET, 1975). Ao nascer, por exemplo, a criança conta somente com os reflexos (por exemplo, sucção) e o exercício deles possibilita, entre outros aspectos, a construção dos esquemas de ação. Os esquemas de ação podem ser definidos pelo que existe de comum, o que se pode pinçar, de um movimento o qual se aplica a vários objetos: o ato de sugar em si, representando o Esquema de Sucção. Esses esquemas se tornam representativos com o aparecimento da Função Simbólica e outros mais complexos vão surgindo com as novas aquisições estruturais, capacitando o indivíduo, cada vez mais, a tecer relação em níveis mais complexos.

Ao considerar o processo de assimilação citado, é necessário que se leve em conta, ao mesmo tempo, as características do objeto que está sendo assimilado. De outro modo, o objeto que está sendo incorporado ao esquema/estrutura do sujeito também impõe resistência a esse esquema/estrutura. A modificação do esquema/estrutura em função da resistência que o objeto imprime, Piaget denominou de Processo de Acomodação (PIAGET, 1975). Exemplificando: consideremos uma criança com seis meses que utiliza seu esquema de sugar para conhecer vários objetos. Ela suga o peito, dedo, mamadeira. Incorpora esses objetos ao seu esquema, portanto, assimila-os. Mas, ao mesmo tempo, o modo de sugar não é, exatamente, o mesmo os três objetos. Cada um impõe uma resistência própria segundo suas características peculiares. O peito tem um mamilo que difere do formato do dedo e do bico da mamadeira. Para a criança conhecer cada objeto é necessário que assimile e acomode.

> A adaptação intelectual, coma qualquer outra, é um estabelecimento de equilíbrio progressivo entre um mecanismo assimilador e uma acomodação complementar (PIAGET, 1975, p. 18).

Para Piaget, a existência de uma adaptação, seja ela qual for, pressupõe a existência de uma organização. A adaptação é o aspecto externo e a organização o aspecto interno. Uma adaptação intelectual gera uma organização do pensamento, ao mesmo tempo em que aquela é gerada por esta:

> A concordância do pensamento com as "coisas" e a concordância do pensamento consigo mesmo exprimem a adaptação e a organização. Ora, esses dois aspectos do pensamento são indissociáveis: é adaptando-se às coisas que o pensamento se organiza e organizando-se que estrutura as coisas (PIAGET, 1975, p. 19).

Aqui (nesta citação acima) já vemos o princípio recursivo que os pensadores da sistêmica construtivista e do pensamento complexo postulam (mais à frente, edição ampliada).

Piaget preocupou-se em estudar a gênese do desenvolvimento da inteligência humana. Pensar sobre a gênese do desenvolvimento da inteligência nos remete a questão de como se dá a aquisição do conhecimento pelo sujeito, de como esse sujeito acumula conhecimento. O projeto de sua teoria, de algum modo, foi tentar responder a essas questões.

Suas observações com crianças desde o nascimento até a adolescência levou-o a caracterização da inteligência ao longo do desenvolvimento do indivíduo. Para Piaget, o conhecimento decorre das interações entre o sujeito e o objeto não estando, a priori, nem em um e nem no outro.

Nesse sentido o conhecimento é adquirido à medida que as estruturas do sujeito vão se construindo. Isso acontece ao mesmo tempo em que o objeto é construído por ele. Esse interacionismo piagetiano é um determinante no decorrer de todo crescimento cognitivo.

Essa aquisição do conhecimento e seu acúmulo são garantidos por quatro fatores, que Piaget (1985) denominou de fatores do desenvolvimento mental: 1) crescimento orgânico, especialmente a maturação do sistema nervoso e do sistema endócrino; 2) o exercício e a experiência adquirida na ação efetuada sobre os objetos; 3) as interações e transmissões sociais; e 4) equilibração majorante. A maturação nervosa desempenha um papel no decorrer de todo desenvolvimento mental, pois é com o funcionamento de alguns circuitos que se dá, por exemplo, a coordenação entre dois esquemas: o da preensão e o da visão aos 4/5 meses. Outro exemplo é o do término do processo de mielinização do sistema nervoso que coincide com o acabamento das estruturas do pensamento formal. O papel do exercício e da experiência adquirida na ação efetuada sobre os objetos é também necessário. Na verdade, é somente interagindo com o objeto que o conhecimento pode ser garantido, existindo um conhecimento tirado das experiências físicas com os objetos e com o próprio corpo, o qual permite a construção das características do objeto e de si próprio. E um conhecimento lógico-matemático advindo das experiências que asseguram a construção do conhecimento sobre as relações existentes entre os objetos e entre as pessoas. O fator socialização também é fundamental, embora não explique o desenvolvimento por si só, pois as pessoas e a sociedade também são para o indivíduo uma fonte de conhecimento que se equivale à fonte de suas ações com seu corpo e com os objetos. Assim como o sujeito tem experiências físicas consigo próprio e com os objetos e lógico-matemáticas, tiradas das relações entre suas ações e entre os objetos, ele também as tem com as pessoas e com a sociedade. O conhecimento físico e lógico-matemático fruto dessa interação garante a preservação da cultura. O quarto fator, a equilibração majorante, é o que integra, de fato, as contribuições da maturação nervosa, da experiência sobre os objetos e da experiência social, conseguindo explicar a evolução dirigida do desenvolvimento das estruturas do pensamento. O acúmulo do conhecimento, assim como sua aquisição progressiva, é em razão desse tal mecanismo interno por autorregulação que permite a existência de "uma sequência de compensações ativas do sujeito em resposta as perturbações exteriores e de regulagem, ao mesmo tempo, retroativa e antecipatória" (PIAGET, 1985, p. 132), constituindo um sistema permanente de tais compensações.

Isso significa que a tendência do desenvolvimento é regida por leis de equilíbrio que exprimem a probabilidade da ocorrência de várias formas possíveis de compensação, em função de condições neurofisiológicas, ambiente físico e socialização. Estas leis de equilíbrio que permitem as autorregulações são vistas sob um ponto de vista psicológico no qual o equilíbrio tem um sentido dinâmico e móvel. "Um sistema está em equilíbrio quando uma perturbação que modifica o estado do sistema tem o seu oposto numa ação espontânea que o compensa" (PIAGET, 1976, p. 183). O sentido do desenvolvimento é garantido pelo significado do termo *majorante*, o qual determina que o processo de equilibração tende ao melhoramento contínuo das estruturas por meio das autorregulações, chegando, afinal, à reversibilidade operatória. Qualquer aquisição que a criança conseguir num período de desenvolvimento será integrado no período posterior num outro patamar de equilíbrio, o qual terá um nível de complexidade estrutural maior que o antecedente. Assim, um período é considerado como o de preparação para as aquisições estruturais seguintes e o de acabamento das estruturas adquiridas no período anterior. "O equilíbrio e a estrutura (aquisições) são os dois aspectos complementares de toda organização do pensamento" (PIAGET, 1976, p. 184). Esses equilíbrios dinâmicos cada vez mais móveis entre os processos de Assimilação e Acomodação e a Construção da Estrutura do pensamento asseguram a sobrevivência da espécie. O Quadro III é a representação gráfica do processo de desenvolvimento cognitivo descrito, o qual já inclui os períodos específicos que serão apresentados a seguir.

Piaget, observando e fazendo experimentos com crianças constatou que o desenvolvimento da inteligência podia ser caracterizado por períodos, os quais mostrariam que tipo de estrutura a criança estaria usando na sua relação com o mundo, assim como o nível de mobilidade e amplitude do equilíbrio. O que garante a passagem de um período a outro são as articulações entre os quatro fatores do desenvolvimento mental citado anteriormente.

Para o autor, o desenvolvimento cognitivo determina três grandes patamares/períodos, com aquisições estruturais próprias:

1. Período Sensório-Motor   0-2 anos
2. Período das Operações Concretas   2-11/12 anos
3. Período das Operações Formais   11-12 em diante

Para o presente trabalho foi dividido o período das operações concretas em dois, assim será utilizada a seguinte divisão:

1. Período Sensório-Motor   0-2 anos
2. Período Pré-Operatório -   7/8 anos
3. Período das Operações Concretas   7/8-11/12 anos
4. Período das Operações Formais   11/12 em diante

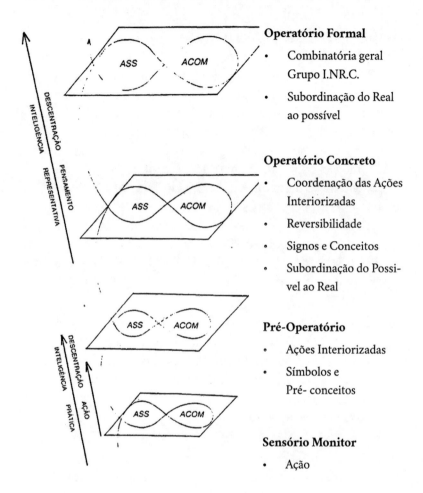

Quadro III – Representação do processo de desenvolvimento cognitivo segundo Piaget
Fonte: a autora.

Caracterizaremos cada período na tentativa de pinçar o que nos ajudaria nas futuras correlações entre Moreno e Piaget.

PERÍODO SENSÓRIO-MOTOR

Esse período se estende desde o nascimento até o aparecimento da função simbólica, mais ou menos aos dois anos. É caracterizado por uma inteligência essencialmente prática, o que significa que a criança tem como objetivo a resolução dos problemas da ação. A construção de um sistema complexo de esquemas de assimilação, assim como a construção das grandes categorias da ação: os esquemas do Objeto Permanente, do Espaço, do Tempo e da Causalidade são apoiados em percepções e movimento. Isso é conseguido pela coordenação sensório-motora das ações, sem ainda a existência do pensamento (PIAGET, 1985). Piaget delimitou seis estádios dentro do Período Sensório-Motor, caracterizados por reações e aquisições próprias que se seguem:

1° Estádio: é o estádio no qual ocorre o exercício dos reflexos, que vai de 0 a 1 mês. Nesse momento a criança não o se diferencia do mundo. Exercita funcionalmente os reflexos inatos que se tornarão os primeiros esquemas de assimilação. Nesse momento, a indiferenciação se estende para os processos de assimilação e acomodação.

2° Estádio: Um mês/quatro meses e meio é caracterizado pelo aparecimento da reação circular primária, que é a repetição de uma situação interessante, ao acaso, ligada ao conhecimento do próprio corpo. Em outras palavras, é a coordenação de dois esquemas de ação referentes a duas partes do corpo. Exemplo: levar o dedo a boca, coordenação entre o esquema de levantar a mão e o esquema de sugar. E ainda uma coordenação por pura repetição de uma situação interessante para a criança. São os primeiros hábitos adquiridos. Nesse momento existe o início de diferenciação entre os processos de assimilação e acomodação.

Nesses dois estádios, Piaget (1985, p. 19) assinala que ainda não existe a construção do Objeto Permanente. "Ora, o universo inicial é um mundo sem objetos, que consiste apenas em quadros móveis... que aparecem... e ora não retornam.". A noção de Espaço é caracterizada pelos grupos práticos e heterogêneos, isto é, espaço bucal, visual, cinestésico, sem ainda existir uma coordenação entre esses espaços desvinculada da ação da criança. O Tempo existe para ela enquanto está agindo sobre o objeto e a Causalidade está longe de ser objetiva. A criança ainda não tem condições de dissociar as causas e os efeitos de sua própria ação. Assim, sua ação é sentida, por ela, como sendo a causa e o resultado, sem poder perceber a diferenciação entre ela e o mundo.

3° Estádio: quatro meses e meio a 8-9 meses. É nesse estádio que aparecem as reações circulares secundárias, tal qual as reações circulares primárias, a criança repete uma situação interessante ao acaso. A diferença reside no fato de essa situação interessante envolver não somente parte do corpo da criança, mas, agora, os objetos do meio exterior. Ex.: coordena esquema de levantar o braço com o de tocar no objeto que se situa no alto do berço. Escuta o barulho que seu toque provoca. Repete a situação interessante ainda ao acaso. Começo da coordenação entre visão e preensão, o que permite a criança pegar tudo o que se encontra sob seu campo visual. Nesse sentido, essa coordenação garante maior interação com o meio e assinala um esboço de intencionalidade. Piaget (1985) acrescenta que é o estádio do limiar da inteligência, de outro modo, o estádio intermediário entre a inteligência reflexa a e os atos pré-inteligentes. A criança interage com o meio, incorporando mais os objetos aos seus esquemas de ação do que os modificando em função das características do objeto. Assim, a assimilação é maior que a acomodação. A construção do objeto permanente ainda não foi efetuada completamente. Essa construção ainda está vinculada à ação da criança, embora ela já consiga suprimir os primeiros obstáculos que a impedem de continuar interagindo com o objeto, quando ele está sob seu campo visual. Os espaços heterogêneos começam a se coordenarem, marcando a passagem dos grupos práticos de deslocamento aos grupos subjetivos. A criança ainda vincula a noção de espaço à sua ação, assim coma as noções de tempo e causalidade.

4º Estádio: Oito/nove meses a 11-12 meses. Nesse estádio a criança já consegue utilizar esquemas meios para alcançar um determinado fim. É o começo da subordinação dos esquemas meios aos esquemas finais, indicando uma coordenação dos esquemas, o início de intencionalidade e os atos mais completos de inteligência prática. "Logo a ação deixa de funcionar por simples repetição e passa a admitir dentro do esquema principal toda uma série mais ou menos longa de esquemas transitivos" (PIAGET, 1975, p. 203). Essa coordenação intencional dos esquemas leva a criança a aplicar os esquemas de assimilação conhecidos em situações novas. Embora a situação seja nova, o esquema em si é ainda o habitual. Ex.: quando a criança busca ativamente o objeto desaparecido ela está exibindo uma situação nova, embora o fato de descobrir o objeto e narrá-lo corresponda a um esquema habitual. Os processos de assimilação e acomodação se igualam. Nesse momento, a permanência do objeto está quase construída faltando à criança a coordenação dos esquemas dirigida por novos meios, o que implica a diferenciação dos esquemas prévios de assimilação. Isso será conseguido no próximo estádio. A criança ainda não tem noção de deslocamento sucessivo, o que limita sua ação de busca do objeto ao último lugar onde esse desapareceu. Como a elaboração do objeto é solidária a organização espaço-temporal e causal, a construção dessas categorias do real estão quase se objetivando. Nesse momento, a coordenação intencional dos esquemas de assimilação possibilita a coordenação dos espaços existentes entre os objetos e entre as partes do próprio corpo. Mas essa coordenação é ainda restrita à ação da criança, ou seja, a noção de espaço não existe por si só e sim em conformidade com sua ação. Do mesmo modo acontece para as categorias do tempo e casualidade.

5° Estádio: Onze/doze meses - 18 meses. Esse estádio tem como característica a reação circular terciária, o que significa que as condutas da criança descrevem, pela primeira vez, um esforço para apreender as novidades em si mesmas (PIAGET. 1975). Isso quer dizer que os meios, já dissociados dos fins no estádio anterior, mas sem diferenciarem-se dos esquemas habituais, tornam-se novos. A criança começa a ficar atenta ao "espírito" do objeto, as flutuações do resultado, e não mais se importa em prestar atenção ao esquema habitual em uso. Isso determina uma supremacia do processo de acomodação em relação ao de assimilação. Nesse momento a construção do objeto permanente se efetiva, assim como se objetivam as noções de espaço, tempo e casualidade. A ação da criança já consegue acompanhar os deslocamentos sucessivos, acontecidos no seu campo visual, mostrando que essa ação é orientada pela própria inovação da situação, os deslocamentos sucessivos que, até então, eram ignorados. Com isso a criança pode procurar o objeto escondido no lugar exato, não cometendo mais o "erro anterior". Em decorrência da construção da permanência do objeto, consolida-se o grupo objetivo de deslocamento e vice-versa. O espaço, agora engloba o sujeito e o objeto e os próprios objetos, sua construção objetiva leva a criança a ter noções dos deslocamentos que envolvem seu próprio corpo, seu corpo e os objetos e aqueles que envolvem os objetos entre si. Mesmo sendo no plano da inteligência prática, o espaço não depende mais exclusivamente do decurso da ação da criança. As séries temporais, do mesmo modo, agora são objetivadas, existindo um antes e um depois, independente da ação. O tempo engloba o sujeito e o objeto. A causalidade, que ainda tinha uma tonalidade mágico-fenomenista dos estádios anteriores, passa a adquirir um aspecto objetivo, isto é, o sujeito consegue estabelecer relações de causa e efeito entre os próprios objetos, ainda ao nível da prática, desvanecendo o seu privilégio, ou o de sua própria ação, de ser o causador dos eventos.

6° Estádio: Dezoito meses - 24 meses. As condutas encontradas nesse último estádio do período sensório-motor, a invenção e a representação, caracterizam a inteligência sistemática. "há invenção e não apenas descoberta: por outra parte, há representação e não apenas uma exploração sensório motora [...]" (PIAGET, 1975, p. 320). Com isso, o presente estádio marca a passagem da inteligência prática aos atos propriamente inteligentes. Nesse momento, a criança já é capaz de antecipar um resultado e sua ação é orientada em função dessa antecipação. A permanência do objeto, assim como a causalidade e tempo tomam-se representativos. Ela já consegue representar mentalmente os deslocamentos entre os objetos e os do próprio corpo.

O projeto da criança durante o período sensório-motor é a descentração progressiva no plano da ação. Nos estádios iniciais existia uma indiferenciação marcante entre ela e o objeto. Aos poucos, por meio da coordenação das ações, ela finalmente se constrói como permanente enquanto objetiva a permanência do objeto. As noções de espaço, tempo e causalidade vão se desprendendo, pouco a pouco, de suas ações próprias para se objetivarem como categorias independentes.

> No curso dos dezoito primeiros meses efetua-se una espécie de revolução coperniciana, ou mais simplesmente chamada de descentração geral, de tal natureza que criança acaba por situar-se como um objeto entre os outros num universo formado de objetos permanentes, estruturando de maneira espacio-temporal e sede de uma causalidade ao mesmo tempo espacializada e objetivada nas coisas (PIAGET, 1985, p. 19).

A criança entra no final do estádio num outro plano do desenvolvimento, sai do plano de ação e entra no da representação. No novo período Pré-Operatório ela continuará essa descentração. Só que o que foi o resultado num período será o início do próximo. Nesse sentido a criança terá que recomeçar o reconhecimento de si e do objeto nesse novo plano.

A criança alcançou um novo patamar de equilíbrio ao adquirir a capacidade de representar o objeto ausente: a Função Simbólica ou Semiótica.

O surgimento de uma ação espontânea que mostra certa antecipação de uma conduta que até então seria imediata, por exemplo, abrir e fechar a boca quando diante de uma caixa de fósforos, a qual tentará abrir para pegar um anel, demonstra a existência de ações interiorizadas. Essa nova conduta marca a existência de outro plano, o do pensamento. Durante os dois primeiros anos a criança se prepara para essa forma de interação com o meio em função de suas condições neurofisiológicas, ambiente físico e social. Essa ação espontânea da criança surge para compensar a inteligência prática, tendendo a uma melhor adaptação. Com ela o equilíbrio se modifica e se instala a representação mental atualizada pelas invenções que são as próprias combinações mentais, o que determina essa nova amplitude do equilíbrio.

PERÍODO PRÉ-OPERATÓRIO

Durante o período pré-operatório a criança não consegue atingir a reversibilidade operatória. Seu pensamento marcado por um egocentrismo, ainda não absorve as leis "universais", restringindo-se às leis "particulares". De outro modo, o pensamento ao se referir as transformações, assimila-as às ações pessoais do sujeito e não às operações reversíveis, já que a estrutura de conjunto que as determinam ainda não foi construída (PIAGET, 1976). Será preciso um período de 2 a 7/8 anos para que a criança exiba uma ação espontânea que compense as perturbações que as leis universais imprimem ao seu sistema de equilíbrio. Essa ação que compense o desequilíbrio será orientada pela reversibilidade. Para tal é necessária a construção de uma estrutura mais complexa que de conta de apreender o real tal qual o real se apresente, ou seja, as transformações em si mesmas. Quando isso acontece a criança consegue explicar logicamente os processos físicos observados de suas ações pessoais, deixando de assimilá-los aos caracteres intuitivos de configuração. Para que isso aconteça é preciso todo um processo de autorregulações. No início do período o que existe são as regulações perceptivas, as quais orientam a explicação do fenômeno em direção aos estados estáticos explicados por seus caracteres intuitivos de configuração. No final do período, as regulações se apresentam sob forma de correções e ajustamentos à ação pessoal, anunciando a construção, ainda incompleta, da estrutura de conjunto que ancora a ação reversível. Nesse momento o pensamento da criança já admite uma certa margem de transformações virtuais.

O pensamento egocêntrico que caracteriza a criança desse período se traduz pela forma particular que ela encontra de interagir com o mundo, sob a égide dos símbolos e dos preconceitos. Isso significa que já houve a diferenciação entre o significante (objeto) e o significado (o que se pode fazer com ele), só que a criança precisa adquirir a estrutura de reversibilidade para conseguir fazer desse significante um signo e do significado um conceito (PIAGET, 1985). Como ela vive num mundo de símbolos e preconceitos, a criança não consegue compreender os juízos gerais que caracterizam o mundo dos adultos. A forma particular de seu pensamento pode ser percebida pelos estudos de sua percepção visual, de sua inteligência verbal e de sua lógica. Piaget (1967) verificou algumas características próprias do pensamento infantil por meio desses estudos. São elas:

1. Justaposição: em relação à sua percepção visual, é a ausência de ligações entre os detalhes; em relação à inteligência verbal, é a ausência de ligações entre os diversos termos de uma frase; em relação à sua lógica, é a ausência de implicações recíprocas entre os juízos sucessivos.

1. Sincretismo: em relação aos três domínios anteriores se expressa pela visão de conjunto que cria um esquema vago, mas global, e que suplanta o detalhe; ou pela compreensão global que faz da frase um todo; ou ainda pela tendência da criança de ligar tudo a tudo, de justificar tudo pelas razões mais absurdas.

> Não podendo (a percepção) discernir suficientemente o detalhe, a percepção cria um esquema de conjunto vago e indistinto, o que constitui o sincretismo. Por outro lado, por não ter podido distinguir o detalhe, a percepção é incapaz de precisar as inserções ou as ligações, o que constitui a justaposição (PIAGET, 1967, p. 66).

Tanto a justaposição, o predomínio do detalhe sobre o todo, quanto o sincretismo, o predomínio do todo sobre o detalhe, mostram a ausência de necessidades no pensamento infantil. Necessidades físicas, o entendimento das leis da natureza e lógicas, o entendimento das relações entre as proposições/objetos. Piaget (1967) acrescenta que essa falta de necessidade do pensamento infantil é pelo fato de a criança não ter consciência de seu próprio pensamento, conseguindo raciocinar apenas sobre casos singulares.

Ao não ter consciência de seu pensamento a criança deixa no inconsciente os verdadeiros motivos que o orientam. A consciência dos verdadeiros motivos a conduziria às proposições gerais. Como isso não acontece, o seu egocentrismo e a inconsciência decorrente dele conduzem-na a raciocinar apenas sobre o imediato, sobre casos particulares, impossibilitando a generalização e, portanto, o entendimento das leis da natureza ou das relações entre os objetos/proposições. A criança não consegue compreender a reciprocidade ou a relatividade de uma noção como a de irmão, de esquerda ou de direita. A ausência de tomada de consciência, de proposições gerais e de dedução é explicada pelo fenômeno de justaposição que mostra a falta de necessidade lógica dos juízos infantis.

1. Realismo: outra característica egocêntrica do pensamento infantil. A criança estende inconscientemente seu ponto de vista imediato a todos os possíveis, acarretando uma falsa genera-

lização. Ela ainda não consegue generalizar conscientemente uma relação que concebeu como relativa e recíproca. Ex.: "Pedro é meu irmão e eu sou irmã dele. João é meu irmão e eu sou irmã dele, mas João e Pedro não são irmãos entre si." Ex.: "está chovendo porque eu quero hoje, porque ontem eu prometi prá mamãe que eu ia dar água prás plantinhas..." Segundo Piaget (1967, p. 133), "realismo é uma espécie de generalização imediata e ilegítima: o relativismo é uma generalização mediata e legítima". Acrescenta que o pensamento passa de um estado a outro, de outro modo, de um imediatismo egocêntrico no qual a consciência somente conhece o objeto absoluto ou as falsas generalizações para o estado de relativismo objetivo no qual o pensamento consegue extrair dos objetos relações passíveis de uma generalização das proposições de reciprocidade dos pontos de vista. Isso é conseguido com a tomada de consciência do próprio pensamento pela criança.

2. Artificialismo: é outra forma egocêntrica que assume o pensamento infantil e que garante uma interação com os objetos segundo uma crença particular. Como o pensamento da criança ainda não consegue estabelecer as verdadeiras relações de causa e efeito que explicam os fenômenos físicos da realidade, a criança atribui ao ser humano, demonstrando uma falsa generalização, a explicação deles próprios. Ex.: "Está chovendo porque Papai do céu quer..."

3. Animismo: é expresso pela incapacidade do pensamento infantil em compreender que os atributos dos objetos físicos são diferentes daqueles que o caracterizam. A criança atribui vida aos objetos inanimados, estendendo a eles seus próprios atributos. Ex.: "A cadeira caiu,... ela está chorando."

4. Raciocínio de Transdução: a criança não consegue partilhar ainda da lógica adulta. Não consegue raciocinar nem por indução nem por dedução, raciocinando de uma forma particular – a transdução, que não guarda em si a primazia da lógica das relações. O raciocínio primitivo acaba sendo uma combinação mental de relações diretamente fornecidas pela realidade. Mas como a

criança não tem ainda possibilidades de apreender o real com suas relações próprias, ela tende a explicá-los sem se dar conta das contradições que suas explicações sugerem. Desse modo seu raciocínio não segue uma coerência característica do raciocínio já operatório. Essa incoerência é nítida quando a criança lida com mais de um critério para definir um fenômeno. Ex.: relações entre peso e volume.

Piaget (1967, p. 190) acrescenta que "toda perspectiva infantil deformada pela própria razão de que a criança, desconhecendo a seu 'eu', considera seu ponto de vista como absoluto, e não estabelece entre as coisas e si própria uma reciprocidade, a única que asseguraria a objetividade". O reconhecimento de si próprio e do outro, conquistado anteriormente no plano de inteligência prática, está sendo delineado nesse novo plano. Contudo, demorará um período longo, de 2 a 7/8 anos, para que isso comece a se cumprir de uma forma objetiva.

A capacidade de representar a si própria e ao objeto, ou seja, de evocá-lo mentalmente, embora sem ainda a possibilidade de verdadeiras relações físicas e lógicas é expressa por cinco meios: imitação diferida, jogo simbólico, desenho, imagem mental e linguagem (PIAGET; INHELDER, 1985). O que possibilita a entrada nesse novo universo é a própria imitação que veio se desenvolvendo ao longo do período sensório-motor. No plano de inteligência prática a criança para se construir e, ao mesmo tempo, construir o objeto reproduzia as ações e situações ao acaso; posteriormente com intenção e, definitivamente, depois da construção do objeto permanente, espaço, causalidade e tempo objetivos, passa a reproduzir as ações e situações na ausência do modelo, o que define a *imitação diferida*. O *jogo simbólico* mostra o apogeu do egocentrismo infantil em que a criança com sua *brincadeira do faz de conta* atribui significados particulares, próprios, aos significantes (objetos). Um exemplo é o brincar com uma caixa de sapatos fazendo de conta que ela é o bercinho da boneca. O *desenho* é o início da imagem gráfica, não aparecendo antes dos 2 anos ou 2 anos e meio. A *imagem men-*

tal surge como uma imitação interiorizada e a *linguagem* permite a evocação verbal de acontecimentos não atuais. Esses cinco meios de atualização da capacidade de evocar o objeto ausente, da função simbólica, já contém em si o próprio significante diferençado.

A *imitação diferida* e o *jogo simbólico* têm função fundamental no desenvolvimento infantil, pois é por meio deles que a criança consegue reviver suas experiências, quer imitando um acontecimento passado quer jogando simbolicamente com a finalidade de integrá-las ao seu ego ainda frágil e em construção. Contudo, a criança não consegue reconhecer seu "eu" como algo próprio ou separado do outro, imitando incessantemente as coisas e os outros, graças a essa espécie de confusão entre o "eu" e o "outro". Isso é devido ao seu pensamento egocêntrico caracterizado por uma imitação[5] não acompanhada de uma assimilação correspondente e vice-versa. Ora a criança assimila o real ao seu pensamento, então, por exemplo, joga simbolicamente, ou apresenta sincretismo e justaposições, ocasionando assimilações deformantes, pois não é acompanhada de suficiente respeito à especificidade dos objetos e ora a criança imita incessantemente os objetos e os outros e não se dá conta da confusão entre o seu "eu" e o "outro", em virtude do seu próprio egocentrismo que não a deixa tomar consciência de seu pensamento, do sentimento de seu "eu", ocasionando uma imitação sem a correspondente assimilação. "Na medida em que a imitação e assimilação são antagônicas, há irreversibilidade no pensamento e na medida em que estas duas tendências se conseguem harmonizar uma com a outra, há reversibilidade" (PIAGET, 1967, p. 174).

Desse modo, o projeto que a criança tende a cumprir durante o período pré-operatório é a de se preparar para conseguir tal reversibilidade.

PERÍODO OPERATÓRIO CONCRETO

---

[5] "Designamos posteriormente esse polo de *imitação* pelo termo *acomodação* já que a imitação se torna um caso particular ou um prolongamento de acomodação ao real" (PIAGET, 1967, p. 170, grifos da autora).

7/8 anos - 11/12 anos

O pensamento infantil no período operatório concreto chega a uma primeira forma de equilíbrio. O sistema de autorregulações do sujeito precisou do longo período anterior, de 2 a 7/8 anos, para atingir essa estabilidade que é alcançada pela conquista da reversibilidade completa, de estruturas definidas que possibilitam a classificação, seriação, correspondência etc. A reversibilidade é traduzida pela coordenação das regulações anteriores, sob forma de correções e ajustamentos intrínsecos à ação pessoal. A coordenação das regulações anteriores propicia uma ação espontânea da criança no sentido de compensar as perturbações que as leis físicas e lógicas imprimiam ao seu pensamento. Essa ação espontânea resulta para a criança numa descentração do seu próprio ponto de vista. Nesse momento, a criança tem condições de apreender o real segundo as próprias leis universais que regem os fenômenos físicos, o entendimento das leis da natureza e segundo as leis lógicas que regem o entendimento das relações entre os objetos/proposições.

Inhelder e Piaget (1976) caracterizam essa forma de equilíbrio segundo três pontos de vista:

1. não existe mais oposição entre situações estáticas e as transformações, sendo que cada estádio é concebido como resultado de uma transformação;

2. as transformações adquirem forma reversível, são assimiladas às operações, ponto de chegada das ações interiorizadas do nível pré-operatório e de suas regulações intuitivas;

3. o pensamento operatório concreto caracteriza-se por uma extensão do real em direção ao virtual, visto que classificar significa a inclusão de novos objetos e seriar significa comportar novas subdivisões possíveis. Contudo, essas possibilidades das operações concretas não estão abertas para um campo amplo de hipóteses, como será o caso das possibilidades formais. Nesse sentido o possível, no pensamento concreto, está subordinado ao real.

Nesse momento qualquer ação mental da criança traduz uma operação, porque a criança já tem capacidade de anular em pensamento uma transformação percebida no mundo físico por meio de uma ação orientada no sentido inverso ou compensada por uma ação recíproca. As operações consistem desse modo em transformações reversíveis, sendo que a reversibilidade pode ser atualizada ou pela inversão (A-A=0) ou pela recíproca (A corresponde a B e reciprocamente) (PIAGET; INHELDER, 1985). Para uma transformação reversível ser efetiva ela não pode modificar todos os termos ou partes ao mesmo tempo, o que implicaria a não possibilidade de retorno. Nesse sentido, qualquer transformação operatória necessita de uma invariante, denominada de esquema de conservação.

> Uma transformação operatória é sempre relativa a uma invariante, e essa invariante de um sistema de transformações constitui o que denominamos até aqui de noção ou esquema de conservação. As noções de conservação podem, portanto, servir de indícios psicológicos do arremate de uma estrutura operatória (PIAGET; INHELDER, 1985, p. 82-83).

A criança para poder operar, transformar mentalmente, consequentemente, apreender os fenômenos físicos e lógicos, tais quais se apresentam, necessita da capacidade de compreender as conservações. É o que se identifica, primeiramente, nas respostas da criança do operatório concreto, quando lhe é apresentada duas massinhas de igual tamanho e forma e a seguir uma delas com um novo formato. A criança responde que as duas massinhas, embora com formas diferentes, contém a mesma quantidade de massa, o que demonstra a existência de seu esquema de conservação. Ela pode dizer que, embora a massinha tenha ficado mais comprida (no caso do experimentador tê-la transformado em salsicha), ela ficou mais fina, ou ainda, que se poderia voltar a transformá-la no que era antes, uma bolinha, por exemplo. Isso permite a inferência que a criança já consegue ter uma ação em pensamento que anule ou compense tal transformação real, garantindo uma resposta legítima no sentido de apreensão correta do fenômeno.

Segundo Dolle (1983) Piaget classifica as noções de conservação em:

1. **física:**

conservação de substância	7/8 anos
conservação de peso	8/9 anos
conservação de volume	11/12 anos

2. **espaciais:**

conservação de comprimento	7 anos
conservação de superfície	7 anos
conservação de volumes espaciais	11/12 anos

3. **numéricas:**

conservação das equivalências quantitativas	8 anos

Os vários domínios do real não se estruturam ao mesmo tempo no pensamento concreto, pois este apresenta uma particularidade limitadora de não ser imediatamente generalizável a todos os conteúdos. Inhelder e Piaget (1976) acrescentam que quanto mais o conteúdo for distante à ação da pessoa, mais demorado será assimilado às operações. O pensamento infantil relativo a esse período, o qual atingiu a referida forma de equilíbrio, ancora-se em sistemas de conjuntos ou estruturas suscetíveis de se fecharem, denominados de agrupamentos. "Os agrupamentos constituem encadeamentos progressivos que comportam composições de operações diretas (A+A+B), inversas (A=B—A), idênticas (+A-A=0), tautológicas (A+A=A) e associativas (A+A)+B=A+(A+B)" (PIAGET; INHELDER, 1985, p. 861). Essas são as cinco leis do agrupamento que foram estabelecidas por Piaget na tentativa de uma formalização da estrutura recém-adquirida nesse período.

As decorrências existentes do fato de o pensamento infantil assimilar o real às operações podem ser traduzidas pelas capacidades que cada lei de agrupamento, descritas anteriormente, outorga à criança. A lei de fecho ou composição, responsável pela operação direta, capacita a criança a juntar as partes em um todo, compô-lo, integrar e a incluir. A lei da inversão, ao contrário, a capacita a separar o todo em suas partes, a decompô-lo, a diferenciar, a excluir. Essas duas leis permitem que o pensamento da criança compreenda que tudo que pode ser juntado pode, também, ser separado e que o todo não se altera. Ex.: meninos + meninas = alunos da classe, ou meninos = alunos da classe - meninas.

A lei da identidade possibilita a compreensão de que algo combinado com seu inverso anula-se ou, ainda, que algo só é igual a ele mesmo. Com isso a criança consegue compreender que o trajeto de sua casa à escola é igual ao trajeto da escola à sua casa e que se combiná-los matematicamente os deslocamentos se anulam. A lei da tautologia capacita a criança ao entendimento de que a união de uma classe, algo a ele próprio, resulta na mesma classe/ou mesmo algo. Dito de outro modo, se adicionar uma maçã à classe já pronta de maçãs, o resultado continuará sendo a classe de maçãs. Disso decorre a lei de iteração, que é aplicada para os números e não mais para as classes, capacitando a criança ao entendimento das quantidades: uma maçã + outra maçã = duas maçãs. A última lei, a associatividade, permite que a criança consiga combinar as partes referentes a um todo de diferentes modos, não alterando, com isso, a visão do todo. Ex.: alguns abacaxis + alguns cachos de bananas + algumas laranjas, formam o todo chamado de frutas. A criança pode combinar as diferentes frutas de diversas maneiras, ora juntando os abacaxis com as laranjas, ora as laranjas com as bananas e nem por isso perder a noção de conservação da classe mais ampla: frutas. A criança, de posse dessas leis de agrupamento que norteiam seu pensamento, consegue, finalmente, compreender o real tal qual ele é assimilando-o às suas operações mentais e consequentemente aos seus esquemas de conservação.

Piaget e Inhelder (1985) definem três níveis de passagem da ação à operação, demonstrando o caminho que o pensamento infantil precisou percorrer para conseguir o estatuto de um pensamento operatório:

1. necessidade de reconstruir no plano da representação, o que já fora adquirido no plano da ação;
2. a reconstrução completa requer um processo formativo análogo ao do plano sensório-motor. A descentração da ação como resultado desse processo formativo é ainda mais difícil no plano da representação, pois essa se apoia num universo mais complexo e extenso;
3. a descentração necessária que o pensamento infantil deve alcançar para chegar a constituição das operações não se baseia somente num universo físico, mesmo este sendo mais complexo que o do plano sensório-motor, mas também num universo interindividual ou social.

> Ao contrário da maioria das ações, as operações, com efeitos, sempre comportam uma possibilidade de troca, de coordenação assim interindividual como individual, e esse aspecto cooperativo constitui condição sine qua non da objetividade da coerência interna (equilíbrio) e da universalidade de estruturas operatórias (PIAGET; INHELDER, 1985, p. 83).

Cabe acrescentar que a descentração cognitiva caminha junto à descentração afetiva e social, e que são elas, juntamente às construções correspondentes, que permitem a elaboração das operações.

A criança do presente período não mais efetua trocas sociais de caráter pré-cooperativo em que exercitava o jogo somente pelo exercício da companhia. Já consegue sair de seu egocentrismo, aperceber-se das diferenças entre os diversos pontos de vista quando em interação com os amiguinhos/pais etc. A possibilidade de entendimento dos jogos de regras exemplifica a descentração de seu ponto de vista particular, marcando o desenvolvimento de sua vida social. Nesse momento, a criança ao jogar segundo regras coletivas, passa a observar mais atentamente a si e ao outro, desenvolvendo uma espécie de vigilância mútua, acompanhada por um espírito de competição honesta. Dá-se conta que ora uns ganham e ora perdem, de acordo com as regras estabelecidas. A individualidade da criança de 7/8 anos que tende à autonomia é mais socializada do que o eu interdependente da primeira infância, embora, aparentemente, a criança pequena apresente um máximo de interações, mas que existem mais a serviço da construção efetiva de si e do outro do que, propriamente, a serviço da cooperação. Essa se inicia, ao mesmo tempo, em que a criança liberta-se das interdependências afetivas do período anterior, nas quais ela visava ora agradar, ora desagradar a figura de autoridade. O sentimento moral da criança, que estava ligado a uma autoridade sagrada e, portanto, a uma relativa obediência, evolui na direção do respeito mútuo e de uma reciprocidade. Seu julgamento passa a levar em conta a intenção do ato em questão e não mais só as consequências do mesmo.

O projeto que a criança tende a cumprir durante o período operatório concreto é uma descentração fundada nas coordenações gerais da ação que permite a constituição dos sistemas operatórios de transformações e as conservações, liberando seu pensamento de aparências figurativas. Disso decorre a conquista de uma personalidade individualizada com julgamentos morais baseados na justiça, o que significa a compreensão do ponto de vista do outro e, portanto, maior cooperação social (PIAGET; INHELDER, 1985).

Contudo, o presente período apresenta um campo de equilíbrio limitado, pois o pensamento concreto está ligado essencialmente ao real, ao apreensível, admitindo um campo restrito de transformações virtuais. A criança ainda não age sob hipóteses, somente age, procurando, durante a sua ação, coordenar as leituras sucessivas dos resultados que obtém, estruturando a realidade na qual atua (INHELDER; PIAGET, 1976). Nesse sentido o possível se subordina ao real. O equilíbrio é estável no interior de cada domínio de estruturação concreta, mas a instabilidade reaparece nos seus limites, com a coordenação dos domínios. Esse novo desequilíbrio será sanado com as aquisições do próximo período operatório formal.

PERÍODO OPERATÓRIO FORMAL

11/12 anos. apogeu ± 15 anos

O pensamento infantil caracterizado por uma instabilidade no final do período anterior por não ter condições de coordenação geral dos diversos domínios, ou seja, entre os agrupamentos operatórios concretos, alcança uma nova forma, mais ampla e geral de equilíbrio. O pensamento formal, expressão desse novo equilíbrio, engloba todos os campos parciais do pensamento concreto, coordenando-os num sistema geral, o qual situa o real num conjunto das transformações possíveis, marcando a inversão de sentido até então estabelecida entre o real e o possível. De outro modo, no pensamento formal, é o real que se subordina ao possível. "A partir de agora os fatos são concebidos como o setor das realizações efetivas no meio de um universo de transformações possíveis" (INHELDER; PIAGET, 1976, p. 189). O adolescente adquire a capacidade de deduzir a partir de hipóteses, não precisando mais fazê-lo a partir dos dados percebidos diretamente da realidade. Desse modo, sua dedução consiste em ligar as várias premissas entre si e delas extrair consequências, mesmo que essa verdade não ultrapasse o possível, isto é, seja admitida apenas por hipótese. A propriedade mais aparente do pensamento formal é referir-se a elementos verbais e não mais diretamente aos objetos, embora nem todo pensamento verbal seja formal, pois desde 7/8 anos é possível conseguir raciocínios corretos que se referem a enunciados simples, ou seja, aqueles que tenham representações suficientemente concretas. Para que os enunciados verbais substituam os objetos concretos é preciso que haja intervenção de uma nova lógica, a das proposições que engloba de uma forma única à lógica das classes e das relações referentes a esses objetos, até então separadas. Essa nova lógica compreende um número bem maior de operações do que os simples agrupamentos de classes e de relações, pois acrescenta ao funcionamento do pensamento a possibilidade de ligações entre as proposições, chamada, desse modo, de lógica interproposicional. A lógica que intervinha nas operações concretas, por um lado, era a lógica intraproposicional, limitando o número de operações possíveis. Outra característica da lógica das proposições é o fato de constituir um sistema de operações de segunda potência, em contraposição ao sistema de operações de primeira potência, característico das operações concretas, pois estas incidiam diretamente sobre os objetos. De outro modo, a lógica das proposições supõem operações de segunda potência, pois as operações interproposicionais se referem a enunciados cujos conteúdos já expressam, a priori, uma operação ou de classificação ou de seriação.

Mesmo sendo o pensamento formal caracterizado, primordialmente, pela subordinação do real ao possível, o mundo das possibilidades formais não é arbitrário, pois é regido por leis físicas e lógicas. A perspectiva física imprime ao pensamento formal a noção de equilíbrio na medida em que, do ponto de vista físico, um estado de equilíbrio é aquele que se caracteriza pela compensação entre todas as modificações virtuais compatíveis com as ligações do sistema considerado (INHELDER; PIAGET, 1976). O pensamento formal já admite as transformações virtuais decorrentes de uma dada situação. A perspectiva lógica explica o fato de as operações possíveis constituírem um sistema rigorosamente reversível, imprimindo à dedução um caráter de necessidade, na medida em que uma dedução lógica, necessariamente, é verdadeira, independentemente da verdade da premissa.

> É a síntese do necessário e do possível que caracteriza o emprego desse possível no pensamento formal, por oposição ao possível – extensão do real do pensamento concreto e as possibilidades não reguladas características das ficções da imaginação (INHELDER; PIAGET, 1976, p. 193).

O pensamento formal traduz o ato de inteligência tanto pelas operações reais, aquelas que efetivamente foram realizadas no pensamento consciente do sujeito, como pelas operações estruturalmente possíveis, aquelas que o indivíduo seria capaz de construir, mas não o fez, pois não tomou consciência dessa capacidade. É essa condição que permite a subordinação do real ao possível. Inhelder e Piaget (1976) acrescentam que entre operações reais e as estruturalmente possíveis existem as chamadas materialmente possíveis, que seriam as relações possíveis que individuo pode efetuar ou construir, mesmo que não o faça efetivamente. Disso decorre que o equilíbrio no domínio físico se dá em dois planos: o real e o virtual; e o equilíbrio no domínio psicológico se dá em três planos: o real, o materialmente possível e o estruturalmente possível. É exatamente por ter a condição estrutural que o sujeito pode atuar no plano do materialmente possível.

O que é ter condição estrutural?

A criança no período anterior já utilizava as duas formas complementares da reversibilidade: a inversão para classes e números e a reciprocidade para relações, mas ainda sem fundi-la num sistema único. É no atual período que a lógica da proposições ou das operações interproposicionais é adquirida superpondo-se à logica das classes e das relações, até então orientadoras do pensamento, e fundindo-as num sistema único. Do ponto de vista estrutural a lógica das proposições é traduzida pela estrutura do reticulado matemático que garante a combinatória geral e pelo grupo das quatro transformações: I.N.R.C., que engloba num sistema único as duas formas de reversibilidade até então separadas — a inversão e a recíproca.

Já é sabido que em qualquer patamar do desenvolvimento o processo formativo é análogo, isto é, parte-se do egocentrismo e chega-se à descentração. No período operatório formal acontece alho similar, pois o progresso do conhecimento também é subordinado a uma revisão constante das perspectivas.

> A ampliação indefinida da reflexão que permite esse novo instrumento que é a lógica das proposições leva, inicialmente, o adolescente a uma indiferenciação entre esse poder novo e imprevisto que o eu descobre e o universo social ou cósmico que é o objeto dessa reflexão (INHELDER; PIAGET, 1976, p. 257).

Esse poder ilimitado do pensamento do adolescente, fazendo-o confundir o ato do conhecimento positivo com a ação efetiva que pode modificar o real, expressa o egocentrismo do pensamento formal. Esse egocentrismo tende a se diluir na medida em que o pensamento formal consegue se descentrar, diferenciando, de fato, as possibilidades das ações efetivas que podem transformar a realidade. Inhelder e Piaget (1976, p. 257) acrescentam que o fato principal que leva a descentração é o início do trabalho propriamente dito: "Ao empreender uma tarefa efetiva que o adolescente se torna adulto e o reformador idealista se transforma em realizador". Nesse sentido, é o trabalho que permite a volta para o real, ou ainda, a reconciliação entre o pensamento e a experiência.

Como a criança confunde o subjetivo com o objetivo, ou ainda a fantasia com a realidade, e precisa para alcançar uma atitude de objetividade se descentrar, o pensamento do adolescente também precisa alcançar essa descentração para assegurar uma atitude transformadora assertiva. O egocentrismo inicial do pensamento do adolescente é consequência de sua integração no mundo social adulto. Para essa interação ser efetuada é necessário que ele estipule seu programa de vida com o respectivo plano de reformas da sociedade na qual será um ser participante ativo. Inicialmente seu programa de vida faz com que ele procure apenas adaptar o ambiente social ao seu eu, expressando, desse modo, o egocentrismo de seu pensamento. De outro modo, o egocentrismo do início do pensamento formal é expresso por uma crença baseada exclusivamente nas teorias representantes da atividade reformadora que o adolescente se sente chamado a desempenhar: seu próprio programa de vida. "Disto decorre uma relativa indiferenciação entre seu ponto de vista de indivíduo chamado a construir seu programa de vida e o ponto de vista do grupo que ele deseja transformar" (INHELDER; PIAGET, 1976, p. 255). Essa indiferenciação é sanada com o início do trabalho propriamente dito, permitindo, consequentemente, a devida descentração do pensamento.

A aquisição estrutural do reticulado matemático e do grupo I.N.R.C., que garantem a lógica das proposições, não são formas inatas inscritas no sistema nervoso, mas traduzem um equilíbrio que é conquistado pouco a pouco pelo indivíduo por meio dos intercâmbios progressivos entre ele e o meio físico e entre os indivíduos entre si. Desse processo dinâmico resulta uma descentração tal qual é a própria expressão do adolescente, isto é, manifestações espontâneas que garantem sua integração na vida social do adulto. Essa interação pressupõe que o indivíduo considera-se igual aos adultos, julgando-os num plano de igualdade e de total reciprocidade. Para conseguir isso o adolescente começa a pensar em qual tipo de trabalho atual ou futuro que pode ou poderá desempenhar dentro da sociedade. Desse modo, ele se propõe de alguma forma a reformar a própria sociedade. O processo de interação pressupõe elementos intelectuais e afetivos. Os intelectuais são expressos pela própria estrutura e funcionamento do pensamento formal. Os elementos afetivos são paralelos ou correspondentes às transformações intelectuais na medida em que a conduta pode ser compreendida pelo seu duplo aspecto: o da afetividade, que traduz a energia das condutas; e o da cognição, que traduz a sua estrutura.

Inhelder e Piaget (1976) definem como sendo duas as novidades afetivas principais exigidas pela socialização afetiva adulta.

São elas:

1. os sentimentos relativos aos ideais, às ideias, acrescentados aos sentimentos entre as pessoas;
2. formação da personalidade caracterizada pelo papel social efetivo que o indivíduo vai assumir e pela escala de valores que o norteia.

Os sentimentos relativos aos ideais se traduzem pelo patriotismo, noções de humanidade, de justiça social (por oposição à justiça interindividual que é vivida desde o nível operatório concreto), de liberdade de consciência, de coragem cívica, intelectual etc.

> Dos sentimentos sociais a criança conhece apenas os afetos interindividuais, pois os sentimentos

morais são vividos apenas em função do respeito unilateral (Autoridade) ou do respeito mútuo. A esses sentimentos, que evidentemente permanecem no adolescente e no adulto, a partir dos 13-15 anos, se acrescentam os sentimentos relativos aos ideais ou às ideias como tais (INHELDER; PIAGET, 1976, p. 259).

Em relação à personalidade, Piaget acrescenta que ela se orienta em um sentido inverso ao do eu: "Se o eu é naturalmente egocêntrico a personalidade é o eu descentralizado" (p. 259). Isso significa que o arremate final da personalidade se dá com a descentração do pensamento formal, o qual permite a subordinação do eu à personalidade, ou ainda, a disciplina do eu.

> A personalidade é a submissão do eu a um ideal que encarna... é a adesão a uma escala de valores... é a adoção de um papel social o qual será representante da criatividade do sujeito (INHELDER; PIAGET, 1976, p. 259).

A adolescência pode, então, ser resumida como sendo a idade de integração ao universo social adulto. Disso resulta o arremate final da personalidade do indivíduo, o qual tenderá a disciplinar o eu egocêntrico, por meio da descentração conseguida pelo próprio pensamento. O programa de vida e o plano de reformas são características fundamentais sob dupla perspectiva: cognitiva e afetiva. Sob a perspectiva cognitiva, pois tanto o programa de vida como o plano de reformas só podem acontecer depois da aquisição estrutural característica do período formal, expressando então, essa nova possibilidade de pensamento. Sob a perspectiva afetiva, o programa de vida e o plano de reformas denotam a escala de valores que o individuo adota para se orientar. Essa é a própria organização afetiva correspondente à organização intelectual do indivíduo. De outro modo, um plano de vida implica uma escala de valores que prioriza alguns em detrimento de outros, expressando a organização afetiva do sujeito, a afirmação de sua autonomia, seu tom particular.

O auge do período operatório formal se dá aos 15 anos, quando ocorre o acabamento da formatização estrutural do pensamento, concorrendo com o arremate final do sistema nervoso, a mielinização das estruturas nervosas e com a integração definitiva na sociedade adulta. Disso resulta uma forma mais ampla de relacionamento entre o individuo e o meio físico e entre os próprios indivíduos, tanto de um ponto de vista cognitivo como do afetivo, inicialmente marcada pelo egocentrismo e posteriormente pela descentração. Aqui cabe acrescentar uma reflexão sobre o quanto nosso sistema social, político e econômico não facilita nem a atualização do próprio potencial formal dos indivíduos, uma vez que a desigualdade social acaba por limitar a própria direção que o desenvolvimento cognitivo persegue e nem a descentração necessária do pensamento formal daqueles que conseguem atualizá-lo, posto que essa descentração se efetiva, sobretudo, pela possibilidade de um trabalho que possa representar quer a escala de valores do indivíduo, quer seu programa de vida. Parece que nossa corresponsabilidade social, política e econômica reside no fato de podermos resgatar essa direção tão humana que norteia o desenvolvimento da inteligência.

CAPITULO III

POSSÍVEIS CORRELAÇÕES ENTRE AS TEORIAS DE DESENVOLVIMENTO DE J. L. MORENO E J. PIAGET

O Quadro IV apresenta as possíveis correlações entre as duas teorias até então estudadas. Ele foi feito de duas formas, a primeira representando a tentativa de uma visão "gestáltica" das correlações (IVa) e a segunda representando as várias partes que a compõem com o objetivo de facilitar a compreensão do leitor (IVb). É chegado o momento da discussão efetiva entre os vários aspectos abordados sob as perspectivas do desenvolvimento socioafetivo, preconizado por J. L. Moreno, e do desenvolvimento cognitivo, por Piaget. Importante salientar que essa discussão é uma primeira tentativa de sistematização do desenvolvimento da conduta humana, na medida em que englobam os dois aspectos que a expressam. Pensamos que a vivência da criança no decurso da Matriz de Identidade Total Indiferenciada a qual abrange a fase de indiferenciação e simbiose, na qual a criança e o mundo estão misturados pode ser entendida, analogicamente, pelo que acontece durante os estádios I, II e III do período sensório-motor. É nesse momento que ela está exercitando seus reflexos e movimentos espontâneos, seu único instrumental de sobrevivência, transformando-os em primeiros esquemas de ação. Paralelamente ao desenvolver seus papéis psicossomáticos. Os esquemas de ação possibilitam contatos entre as diversas partes de seu próprio corpo, inicialmente, acidentalmente e sem intencionalidade, expressando, desse modo, suas primeiras reações circulares primárias. Esse primeiro processo de autoconhecimento corporal se dá ao mesmo tempo em que são estabelecidos os primeiros contatos corporais entre a criança e sua mãe, ou a primeira figura que faz o papel de ego auxiliar. Desse modo a criança ainda não consegue distinguir entre o que é próprio do que é o corpo materno.

O desenvolvimento da maturação nervosa e as primeiras experiências com seu próprio corpo e o corpo materno encaminham a criança a uma maior exploração caracterizando o início de sua fome de atos.

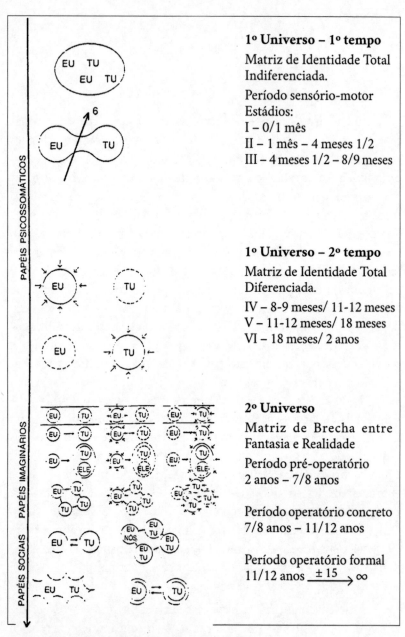

Quadro IVa – Correlações entre Moreno e Piaget
Fonte: a autora.

RELAÇÕES ENTRE AFETIVIDADE E COGNIÇÃO: DE MORENO A PIAGET

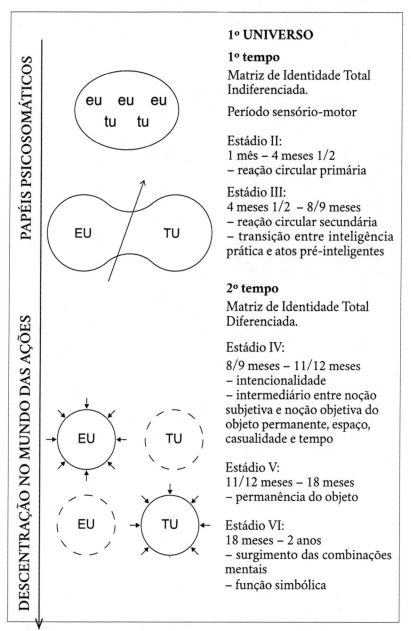

Quadro IVb – Correlações entre Moreno e Piaget
Fonte: a autora.

2º UNIVERSO

Matriz da Brecha entre Fantasia e Realidade
Período Pré-operatório

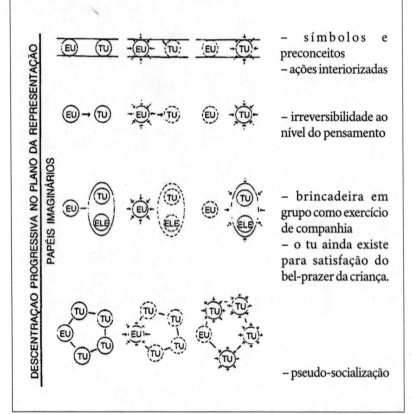

RELAÇÕES ENTRE AFETIVIDADE E COGNIÇÃO: DE MORENO A PIAGET

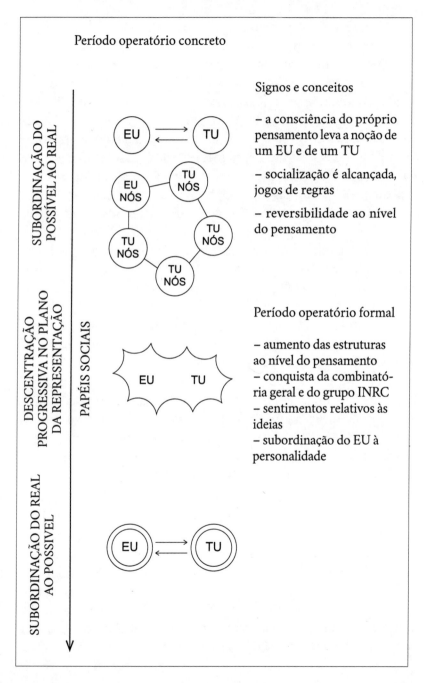

Esta se prolonga em direção aos objetos, marcando o início de suas reações circulares secundárias e o esboço de intencionalidade. A criança caminha à diferenciação, mas ainda tem uma vivência misturada com o mundo que a cerca. Desse modo, delineia-se uma simbiose, um momento de transição entre a total indiferenciação e o início do reconhecimento do Eu e do Tu. Parece legítimo correlacionar essa fase do seu processo de matrização com o estádio III do período sensório-motor, na medida em que as atividades que a criança exerce durante esse estádio anunciam a passagem dos atos reflexos aos pré-inteligentes. Dessa forma, a vivência totalmente indiferenciada é correlata aos atos reflexos, sendo esses atualizados pelos papéis psicossomáticos que são vivenciados de uma forma ainda muito fragmentada: e a vivência que esboça um início de diferenciação – a simbiose – é correlata à passagem dos atos reflexos aos pré-inteligentes, atualizados pelo início da interação de várias zonas corporais. É nesse momento em que a criança está mais receptiva para a figura de um terceiro na relação mãe-bebê-pai (ou alguém que possa desempenhar essa função – função paterna). Dessa forma, a função paterna é possibilitar a ruptura da simbiose estabelecida, propiciando o decurso natural do desenvolvimento: o reconhecimento de um Eu separado de um Tu. A atemporalidade e a não diferenciação espacial que a criança vive nesse momento da matriz de identidade, segundo Moreno, é legitimada por Piaget, o qual acrescenta que, durante os estádios I, II e III, a criança ainda não consegue alcançar a noção objetiva de causalidade e objeto permanente.

Desse modo, a criança tem uma vivência durante a Matriz de Identidade Total Indiferenciada de um Eu misturado com um Tu numa linguagem moreniana. Analogicamente, percebe o objeto ainda como um prolongamento de sua ação, numa perspectiva piagetiana. O que permite a aproximação aos objetos ou pessoas, o fator tele, ainda está indiferenciado. Isso parece ser legitimado pelo fato de a criança ainda não estar de posse da intencionalidade, o que marca o início dos atos pré-inteligentes.

A vivência da criança durante a Matriz de Identidade Total Diferenciada que abrange as fases de reconhecimento do Eu e Tu pode ser compreendida pelas aquisições durante os estádios IV, V e VI do período sensório-motor.

A entrada na Matriz de Identidade Total Diferenciada culmina com o surgimento da intencionalidade que se dá no estádio IV do período sensório-motor. A vivência subjetiva do bebê no decurso da matriz é uma vivência que começa a se diferenciar daquela total e global de até então. A emergência do fator tele e o esboço de diferenciação de uma tele para objetos de uma tele para pessoas, de uma tele positiva, de uma tele negativa, expressa o rumo que a referida vivência subjetiva está tomando.

De outro modo, a criança, nesse momento, começa a diferenciar entre ela e o mundo que a cerca, o qual é composto por pessoas e objetos, afetos bons e maus. É a passagem para a fase do reconhecimento do Eu e do Tu. São justamente no estádio IV do período sensório-motor que surgem os primeiros atos intencionais da criança, aqueles que marcam sua nova forma de se relacionar com o mundo circundante. A criança já se dá conta de que pode utilizar os meios para chegar a alguns fins, subordinando, desse modo, os esquemas meios aos finais e delineando a primeira tentativa de diferenciação efetiva entre ela e o objeto, no plano da ação. É o momento do nascimento dos atos pré-inteligentes, que se atualizam no exercício de seus vários esquemas de ação, assim como no exercício de seus vários papéis psicossomáticos, possibilitando o reconhecimento do Eu no plano da ação.

É no estádio V que a criança consegue a noção de objeto permanente e, portanto, a diferenciação efetiva entre ela e o objeto no plano da ação. Consegue, ainda, a noção objetiva espaço/temporal e de causalidade, vinculada à sua ação. Seu instrumental para se relacionar com o meio, seus esquemas de ação, numa linguagem piagetiana, ou a interatuação dos papéis psicossomáticos compostos por focos com seu *locus nascendi* em determinadas zonas, numa perspectiva moreniana, já garantem o conhecimento das características do objeto ou pessoa, o que expressa sua possibilidade de reconhecimento do Tu.

O reconhecimento das próprias capacidades da criança e o reconhecimento das características do objeto ou pessoa é vivenciado concomitantemente pela criança, por meio de seus esquemas de ação ou papéis psicossomáticos, posteriormente a esse momento, ou seja, aos estádios IV e V. Pois somente depois que se exercitam algumas capacidades e que se pode utilizá-las em benefício do reconhecimento do outro. Esses dois momentos, evidentemente, efetivam-se na própria relação que a criança estabelece com o objeto ou pessoa e são sustentados pelo fator tele que se diferenciou. É no estádio VI que esses movimentos se alternam, possibilitando que a criança ora se centre nas suas próprias capacidades ora se centre nas características do objeto ou pessoa. Essa alternância consolida o reconhecimento de si e do outro no plano das ações. É nesse estádio que se anuncia o início da diferenciação entre ela e o objeto num novo plano, o plano da representação. Isso é possibilitado pela aquisição da função simbólica ou semiótica, a qual determina a capacidade da criança em representar mentalmente suas ações e objetos/pessoas. É o momento do nascimento do pensamento e o momento da passagem para a Matriz da Brecha entre Fantasia e Realidade.

Pensamos que é possível uma analogia entre a emergência do fator tele e o nascimento dos atos pré-inteligentes, na medida em que ambos levam a criança à diferenciação, isto é, concorrem para que o resultado tanto no final da vivência da matriz total diferenciada como no final do período sensório-motor seja a descentração no plano da ação, ou o próprio reconhecimento de si e do outro nesse mesmo plano.

Acreditamos que seja coerente dizer que a fase de reconhecimento do Eu e do Tu na Matriz de Identidade Total Diferenciada, passa, nesse momento, de um reconhecimento do Eu e do Tu, num plano da ação para um novo reconhecimento do Eu e do Tu, num plano da representação, no qual a criança terá que cumprir, de algum modo, o que já havia conquistado no plano anterior. Dito de outra forma, a diferenciação entre ela e o objeto, o reconhecimento dos deslocamentos de seu próprio corpo, dos objetos e pessoas, as noções de espaço/tempo e de causalidade objetiva, e consequentemente a descentração da ação resultante desse desenvolvimento, tanto no período sensório-motor como na vivência no decurso da Matriz Total Indiferenciada e Diferenciada, precisarão ser reconquistados no plano da representação. Esse é o projeto para o Segundo Universo Infantil que efetivamente se cumprirá bem mais tarde.

A criança sai do período sensório-motor e passa para o período pré-operatório, segundo a teoria piagetiana, o que corresponde à entrada na matriz da Brecha Fantasia/Realidade, segundo uma visão psicodramática.

É na matriz da Brecha Fantasia/Realidade que surgem dois novos cachos de papéis: o psicodramático (imaginário) e o social, em contraposição aos papéis psicossomáticos, os únicos em curso até então.

O surgimento desses novos cachos de papéis pode ser explicado pela nova possibilidade que a criança adquiriu: a capacidade de pensar, de representar. No entanto, no início do Segundo Universo Infantil a criança somente exercita seus papéis imaginários, os quais expressam sua vivência no decurso do período pré-operatório. Parece coerente na medida em que o jogo simbólico, a imitação diferida, o desenho e a própria linguagem da criança expressam somente sua possibilidade de entendimento do *COMO SE* traduzindo seu pensamento ainda egocêntrico. A compreensão do *COMO É*, dos fenômenos físicos e interindividuais representantes da realidade de fato é conquistada gradualmente e atualizada na vivência dos papéis sociais, já no período posterior, o operatório concreto.

É durante a vivência na matriz da Brecha que há de fato a diferenciação de uma tele para objetos reais de outra para objetos imaginários, o que só pode acontecer a partir da conquista da representação e, portanto, dos atos inteligentes propriamente ditos. Pensamos que, novamente, é lícita a analogia entre diferenciação do fator tele, atualizado por uma tele para objetos reais e outra para objetos imaginários com o surgimento dos atos inteligentes, em contraponto com a analogia anterior entre a emergência do fator tele com o surgimento dos atos pré-inteligentes. Parece que, em ambos os aspectos, o desenvolvimento se dá de tal forma que legitima a necessidade de reconstruir num posterior o que já fora construído num nível anterior.

O Quadro IV (a e b) acrescenta à matriz da Brecha Fantasia/Realidade. Preconizada por Moreno, outras formas mais específicas de relação, preconizadas por Fonseca Filho, segundo seu esquema de desenvolvimento humano. Acrescenta ainda a esse esquema do desenvolvimento humano dois movimentos característicos da criança na relação que estabelece com o outro ou outros. Desse modo, durante sua vivência no decurso da matriz da Brecha, a criança ao estabelecer uma relação em corredor com o Tu, ora se centra nela ora se centra no Tu; quando toma o papel do outro também ora se centra em si própria, ora no outro; quando triangula, ora se centra em si, ora na díade; o mesmo acontece quando circulariza, ora centrando-se em si, ora centrando-se no resto do grupo. Essas formas de se relacionar com o outro/outros ou ainda com o objeto, num linguajar piagetiano, expressam as possibilidades da criança do período pré- operatório.

Nesse período ela exercita, pelos movimentos descritos anteriormente, via desempenho dos papéis de fantasia, a sua compreensão de sua posição do mundo, nas relações interindividuais assim como a das outras pessoas ou objetos. No entanto, essa compreensão ainda é deformante e expressa o egocentrismo do pensamento infantil que ora permite com que haja uma incorporação do real as suas ações interiorizadas e ora um ajuste dessas ações interiorizadas ao real, mas sem uma correspondência entre esses dois processos (assimilação e acomodação ou ainda assimilação e imitação). Desse modo o egocentrismo do pensamento infantil é traduzido no exercício dos papéis imaginários que são vivenciados tanto no jogo simbólico como na imitação diferida, no desenho e na própria linguagem. Quando a criança pega uma caixa de sapato e faz de conta que é o bercinho da boneca e brinca de fazê-la dormir, ela está exercitando um papel de mãe ou de alguma pessoa que faz esse papel na sua realidade. Esse papel psicodramático (imaginário) é vivenciado nesse jogo do faz de conta, o próprio jogo simbólico, representando sua vivência particular. No momento da brincadeira a criança não tem consciência de que está representando sua própria mãe ou a figura que faz esse papel com ela. É como se acreditasse que o papel que exercita fosse o representante de si própria e não uma imitação na ausência do modelo. Essa crença atualizada pela vivência do papel psicodramático (imaginário) expressa o egocentrismo do seu pensamento e, ao mesmo tempo, é a precursora da construção de seu próprio papel de mãe. Parece que o fato de ora centrar-se em si própria e ora no outro ou outros, numa perspectiva moreniana, ou ora incorporar o real as suas ações interiorizadas e ora ajustar estas ações interiorizadas ao real, sem a devida correspondência entre tais processos, num linguajar piagetiano, expressa a tendência resultante do final do período pré-operatório: a possibilidade de diferenciação e o alcance de sua primeira forma de equilíbrio estável. Pensamos que é legítimo dizer que e o momento da conquista de sua primeira forma estável de identidade (singularidade).

São os papéis imaginários que estão se desenvolvendo, os quais dão expressão ao mundo da fantasia da criança e nesse momento demonstram a criatividade do pensamento infantil. Moreno legitima esse fato quando diz que é no momento da matriz da Brecha entre Fantasia e Realidade que a criança expressa um novo surto de fator "e". Esse pode ser notado pela articulação entre espontaneidade e criatividade que dão expressão ao mundo da fantasia da criança vivenciada pelo desempenho dos papéis psicodramáticos. Embora o fator "e" seja o responsável pelas respostas às novas situações ou pelas novas respostas às situações antigas, essas ainda não podem expressar uma adequação à realidade física e lógica ou mesmo à realidade dos fenômenos interindividuais. As respostas da criança nesse momento do seu processo de matrização ou no decurso do período pré-operatório expressam, ao mesmo tempo, um novo surto de espontaneidade/criatividade que garantem a amplitude de sua relação com o mundo e uma inadequação à realidade lógica que permeia os fenômenos físicos e interindividuais.

É na vivência dos papéis imaginários, ou no jogo do faz de conta, na imitação diferida ou mesmo no desenho que a criança constrói condições para a posterior vivência dos papéis sociais, os quais anunciarão uma nova compreensão da realidade.

No decurso ainda do período pré-operatório, continuando as correlações do Quadro IV (a e b), a criança que tem como projeto a socialização efetiva acaba se relacionando com uma pessoa, duas ou mais pessoas ainda sob uma perspectiva "euista". Desse modo, a relação atualizada pelos papéis imaginários tem uma tonalidade mais acentuada de um mero exercício de companhia do que a de uma troca efetiva. Dessa forma, sob a perspectiva moreniana a criança enxergara o "Tu" ou "Tus" como aquele ou aqueles que existem para satisfazer seu próprio prazer, assim como se enxerga como um "Eu" que existe para satisfazer o desejo do outro. Sob a perspectiva piagetiana, analogicamente a criança vive uma relação de heteronomia com o adulto ou mesmo entre as próprias crianças. Parece evidente que o próprio processo de socialização contribui para que haja a possibilidade de passagem desse modo de estar no mundo para o posterior que caracteriza a socialização de fato e a consequente autonomia.

A influência do processo de socialização é significativa e gradual, mas por si só, não fundamenta a referida passagem. A criança somente estará apta a tal mudança quando efetivar a construção estrutural ao nível de seu pensamento, o que permitirá que ela tenha a possibilidade de tomada de consciência do próprio pensamento. Nesse momento se finaliza a vivência da criança dentro do período pré-operatório, anunciando a sua entrada no novo período de desenvolvimento cognitivo, o qual é correspondente ao momento do desempenho dos papéis sociais na matriz da Brecha entre Fantasia e Realidade. A entrada da criança no novo período operatório concreto garante a nova possibilidade de seu pensamento. Ela adquire a capacidade de operar mentalmente, traduzida pela possibilidade de compreensão da lógica que permeia o universo físico e social. Com essa conquista o reconhecimento de si própria e do outro é garantido em sua primeira forma de equilíbrio estável marcando a primeira descentração ao nível do pensamento. Acrescentaríamos que é o momento que se efetiva a construção da primeira forma estável de identidade (singularidade) resultante do processo de matrização. Agora o Tu pode ser percebido como tal, pois a criança sob a perspectiva estrutural, já adquiriu capacidades que permitem sair de seu papel, tomar o do outro e voltar novamente para o seu, assim como deixar que o outro faça o mesmo. A criança consegue tomar o papel do outro e deixar que o outro tome o seu porque já tem certeza que é possível regressar ao ponto de partida, portanto a sua identidade, a qual nesse momento, expressa sua primeira forma estável de equilíbrio ou ainda a primeira resultante do processo de matrização. Dessa forma, a vivência infantil no decurso do período operatório concreto é representada pelas fases de inversão de papel e circularização contidos no Quadro IV (a e b). A possibilidade de inversão de papel é a consequência ao nível das relações que a aquisição da estrutura de reversibilidade possibilita, na medida em que ela dá condições para que a criança tenha uma ação mental que anule ou compense uma transformação percebida no mundo físico ou social. Nesse sentido, ela possibilita que a criança não mais se engane tanto a respeito do universo físico quanto a respeito do universo interindividual ou social.

É nesse momento que a criança consegue jogar os papéis sociais de fato. Anteriormente ela os exercitava, mas com a particularidade que seu pensamento imprimia ao próprio papel, portanto exercitava os papéis de fantasia. Desse modo, é somente depois de adquirir a estrutura de reversibilidade que ela conseguirá exercitá-los com o devido respeito às generalizações que eles necessitam para serem assimilados como tais pelo pensamento infantil. A tomada de consciência do próprio pensamento traz em si a nova possibilidade de interação entre a assimilação e a imitação, o que propicia o entendimento do papel social como tal e a possibilidade de imitação com a correspondente assimilação. De outro modo, a criança consegue se apropriar do papel social, ou ainda desempenhá-lo com o seu próprio tom, se for treinada para tal.

A criança nesse momento partilha dos jogos de regra e já tem a possibilidade de trocas sociais efetivas porque adquiriu a capacidade de negar partes da regra sem perder a possibilidade de compreender o jogo enquanto tal, portanto a capacidade de discuti-las com seu grupo social. Ela percebe que o jogo é constituído por regras e que as regras determinam a forma de se jogar. No entanto, ela já admite que é possível jogar um jogo com seu amiguinho e misturar suas regras, até então particulares, com as dele e que, desse modo, continuará jogando o mesmo jogo. A criança percebe que o jogo é constituído por várias regras e que negar uma parte delas não altera, necessariamente, o todo. Esse é um exemplo, no plano das relações sociais, das consequências que a noção de conservação propiciada pela estrutura de reversibilidade traz ao pensamento infantil. Essa invariante de conservação tem o mesmo estatuto da noção de transformação que o pensamento adquiriu.

Seguindo o Quadro IV (a e b), nota-se o acréscimo de outra fase de circularização, posterior a da inversão, ao esquema de desenvolvimento humano. Pensamos que é coerente, na medida em que é somente depois da aquisição estrutural da reversibilidade que a criança tem condições verdadeiras de circularizar e, portanto, de se socializar. Isso pelo fato de essa estrutura permitir o entendimento lógico das transformações e conservações, tanto no universo físico como no interindividual ou social.

Na medida em que a criança já tem condições estruturais de vivenciar os papéis sociais provenientes de sua matriz social que, de algum modo, ela é solicitada, como os de filha, de mãe, de pai, de médico, de professora, de dentista, de bandido etc. O fator "e" acaba sendo submetido à nova capacidade que a inteligência conquistou assim como submetido à memória e às forças sociais e culturais. No decurso do período operatório concreto, a espontaneidade parece que diminui, dando lugar ao respeito rígido às regras sociais. Dito de outro modo, as vivências da criança relativas ao seu mundo da fantasia, atualizadas pelos papéis imaginários, os quais expressavam sua lógica particular, acabam dando lugar às vivências relativas ao seu mundo da realidade, atualizadas pelos papéis sociais que já expressam a compreensão lógica dos fenômenos físicos e interindividuais. Moreno explica esse fato pela tendência da personalidade humana em uniformizar novamente esses dois caminhos com o propósito de reestabelecer o status original, ou seja, a uniformidade do primeiro universo infantil, no qual só existia o desempenho dos papéis psicossomáticos. Embora ele acrescente que a saúde mental resida na possibilidade de trânsito livre entre os dois caminhos, o da fantasia e o da realidade.

Piaget afirma que o jogo simbólico e imitação diferida têm um papel importante na formação e fortificação do ego infantil. No pré-operatório a criança incorpora o mundo composto por pessoas, objetos e relações entre eles à sua fantasia e acomoda jogando simbolicamente ou imitando diferidamente. É sabido que a articulação entre os processos de assimilação e acomodação garantirá o comportamento adaptado. Durante o período pré-operatório a referida forma de adaptação era a única possível. Com a conquista da estrutura de reversibilidade e a consequente entrada no período operatório concreto, a criança alcança formas mais estáveis de equilíbrio, expressando melhor adaptação. No entanto o que é conquistado não se perde e, portanto, continua exercendo suas funções. Nesse sentido, embora o exercício do jogo simbólico e a imitação diferida diminuam para dar lugar a uma percepção mais fiel da realidade de si e do outro (objeto, pessoa ou relações entre eles), ele não se extingue durante a vivência no período operatório concreto.

Parece que ambos os autores concordam com a ideia de que tudo que é construído numa fase ou plano de desenvolvimento é reintegrado na fase ou plano posterior. Não se perde, portanto, a função genuína para o que se foi criado, mas, ao contrário, ampliam-se as possibilidades de interações e de funções, integrando as primeiras às novas conquistas.

Encarando-se o desenvolvimento sob essa perspectiva, a vivência dos papéis psicossomáticos delimitando a área corpo, a dos psicodramáticos (imaginários), delimitando a área psique – mente e a dos sociais, delimitando a área sociedade, articulam-se de tal modo que cada papel cumpre uma função específica na construção da identidade psicossocial do individuo (singularidade).

Essas vivências são correlatas as do período sensório-motor, pré-operatório e operatório concreto. Dessa forma, a construção da delimitação das áreas corpo, mente e sociedade também se dá no decurso dos períodos citados. Ora, a identidade psicossocial do indivíduo (singularidade) é construída com a formação dessas áreas. É nesse sentido que apoiamos a ideia de que o primeiro acabamento da identidade psicossocial do individuo (singularidade) acontece com a construção da estrutura de reversibilidade que caracteriza o período operatório concreto. É a primeira forma de identidade estável resultante do processo de matrização, representando uma primeira forma estável de equilíbrio.

Dizemos ser a primeira forma estável de identidade (singularidade), porque embora as áreas corpo, mente e sociedade já tenham sido construídas, articulando-se no desempenho dos papéis psicossomáticos, psicodramáticos (imaginários) e sociais, a criança só é capaz de integrá-las na vivência concreta com os objetos e pessoas. Disso resulta que a inversão de papel, ou seja, a possibilidade de a criança experimentar a identidade do outro permitindo que o outro faça o mesmo com ela, restringe-se aos objetos, pessoas e relações entre eles com os quais ela tenha um contato. Ora, esses objetos, pessoas e as relações entre eles caracterizam sua matriz social. Desse modo, ela só está apta a inverter os papéis com "Tus" do seu mundo mais próximo. Dessa forma, enquanto nesse período a criança tem capacidade de compreender o real tal qual ele se apresenta tanto no universo físico quanta no social, já com esquemas antecipatórios favorecidos pela sua capacidade de operar mentalmente, no período posterior a compreensão do real é subordinada ao mundo das possibilidades. De outro modo, o virtual não é mais uma extensão do real e passa a subordiná-lo. Esse progresso do desenvolvimento é marcado pela aquisição de novas estruturas: o grupo I.N.R.C. e a combinatória geral. A possibilidade de inversão de papel se amplia na medida em que o púbere já tem acesso ao mundo do possível, podendo, desse modo, reconhecer formas de ser e de relação interindividual diferentes das fornecidas pela sua matriz social.

No esquema do desenvolvimento humano as fases do encontro Eu-Tu e o fortalecimento de suas próprias identidades podem ser associados a esse novo período: o das operações formais. É no período das operações formais que o púbere ou adolescente pode pensar sobre enunciados, hipóteses e proposições. O adolescente não precisa mais pensar somente sobre o concreto, o que vivencia, pois tem possibilidade de fazer operações mentais de segunda potência, ou seja, possibilidade de pensar sobre o próprio pensamento. É a conquista da capacidade de reflexão. Sua lógica não é mais limitada ao concreto, aos objetos, pessoas e relações entre eles, proveniente de sua matriz familiar, mas norteada por regras que lhe permitem acesso ao campo do possível. Nesse sentido, o adolescente está apto a reconhecer os possíveis arranjos, estilos de vida e de relações e, consequentemente, apto a identificar os momentos de um verdadeiro Encontro, segundo a perspectiva moreniana. Essa probabilidade é menor no início do período em que o pensamento, embora formal, é ainda egocêntrico. No decorrer do período o Eu acaba se subordinando à personalidade que é orientada pela descentração do pensamento. Isso permite maior possibilidade de encontros, na medida em que para se conseguir enxergar pelos olhos do próprio outro é necessário não estar mais encarcerado aos próprios ideais resultantes do programa de vida e plano de reforma do início da adolescência.

É sabido que o fator tele, enquanto tele diferenciada, que propicia o estabelecimento de uma relação télica entre dois ou mais indivíduos, é condição *sine qua non* para o verdadeiro encontro.

Pensamos que é licito, novamente, a analogia entre tele atualizada em diferentes papéis com os atos que traduzem o auge do desenvolvimento da inteligência. Como o período das operações formais é o último do desenvolvimento cognitivo, o indivíduo está estruturalmente pronto para receber, compreender, inventar qualquer conteúdo. Paralelamente, tem condições de desempenhar quantos papéis lhe forem possíveis, atualizando ou não sua tele. O paralelo entre a tele atualizada em diferentes papéis com os atos que traduzem o nível mais complexo de inteligência é o contraponto, nesse plano das analogias anteriores que caracterizam os planos do sensório-motor e pré-operatório: emergência do fator tele com os atos pré-inteligentes (intencionalidade); diferenciação do fator tele, atualizado por uma tele para objetos reais e outra para objetos imaginários com o surgimento dos atos inteligentes (função simbólica). Pensamos que aqui cabe um paralelo entre tele e estrutura na medida em que ambas se desenvolvem a partir de diferenciações prévias, rumando à generalização, permitindo desse modo que o indivíduo parta do egocentrismo rumo à descentração. Isso nos leva a crer, novamente, que, em ambas as teorias, o desenvolvimento se dá de tal forma que legitima uma espiral, traduzindo a necessidade de reconstruir num nível posterior o que já fora construído num anterior e expressando um processo formativo análogo, no qual a resultante do desenvolvimento pode ser entendida pela descentração.

Na perspectiva piagetiana, uma descentração da ação, seguida por uma descentração do pensamento. Na perspectiva moreniana uma descentração do fator tele, que permite a sua diferenciação em tele para objetos e pessoas, tele positiva e negativa, tele para objetos reais e imaginários e, finalmente, atualização da tele pelo exercício dos vários papéis sociais e psicodramáticos. No período anterior a criança exercitava pela primeira vez seus papéis sociais e aqueles que estavam mais próximos de sua realidade. A articulação entre os papéis psicossomáticos, imaginários e sociais também pode ser considerada primária, posto que o desempenho dos papéis sociais acontece pela primeira vez. O fator "e" que, de alguma forma, estava subordinado à nova conquista da inteligência e as forças sociais, sendo substrato da tele atualizada na articulação primária entre os papéis psicossomáticos, imaginários e sociais pode, nesse momento, vinculado com a criatividade, ser substrato da tele atualizada numa nova articulação entre eles. Isso garante uma articulação mais coesa, embora não rígida, entre os papéis citados, permitindo, dessa forma, o trânsito livre entre os imaginários e os sociais. Essa integração e mobilidade entre os papéis traduz a saúde e expressa os atos mais complexos da inteligência.

O projeto da criança no decorrer do seu processo de matrização é a própria descentração afetiva. Ela é conquistada gradualmente, embora com dois momentos determinantes: o primeiro momento traduzindo a primeira forma estável de identidade/singularidade e o segundo momento o seu acabamento propriamente dito.

Da mesma forma, o projeto da criança no decorrer de seu desenvolvimento cognitivo é a descentração do pensamento, a qual também se expressa em dois patamares com formas de equilíbrio próprias: o primeiro traduz a capacidade que o pensamento conquistou em compreender a lógica que permeia o universo físico e interindividual, ou seja, a realidade. O segundo patamar anuncia o arremate das estruturas do pensamento e a consequente capacidade de compreensão do virtual, do mundo das possibilidades. São as aquisições nesses dois patamares de equilíbrio cognitivo que legitimam, respectivamente, a formação da primeira forma estável de identidade psicossocial do indivíduo e seu acabamento propriamente dito.

Numa última tentativa de resumir como se dá o desenvolvimento em ambas as teorias, da perspectiva piagetiana empresta-se suas invariantes funcionais – a assimilação e a acomodação e o movimento entre os dois processos ao longo dos períodos; empresta-se, também, a maturação nervosa, a experiência física e lógico-matemática e a socialização como determinantes do movimento entre os dois processos; e a própria equilibração majorante que integra as determinantes citadas, descrevendo o processo global de autorregulações que traduz o desenvolvimento cognitivo do indivíduo. Da perspectiva moreniana podem-se extrair as formas de relacionamento estabelecidas entre o recém-nascido e o mundo no decorrer de seu desenvolvimento afetivo. A mãe, ou primeira figura em relação, como representante do meio exterior, o próprio ego auxiliar. É com ela e, posteriormente, com os outros Tus que a criança apreende padrões específicos de relação. As formas de relacionamento identificadas dentro da Matriz de Identidade Total Indiferenciada, Matriz de Identidade Total Diferenciada e Matriz da Brecha Fantasia/Realidade expressam a primeira aprendizagem emocional da criança. Essas são garantidas por algo inerente ao indivíduo, o fator "e" que é o conteúdo do fator tele, o qual é responsável pela atração/repulsa dos objetos e pessoas que, por sua vez, na condição de tele se atualiza na vivência dos papéis psicossomáticos, imaginários e sociais. Já foram citadas as revisões de Perazzo (1994, 2010) sobre tele e, como ele, pensamos que as relações que engendram tele são cococriações dentro de um campo sociométrico.

O processo de matrização da criança que conta como resultante a cunhagem de sua identidade psicossocial (singularidade), assim como o processo de desenvolvimento cognitivo por meio das autorregulações que integram a maturação nervosa, a experiência adquirida e a socialização e traduzem os diversos patamares de equilíbrio, acontece de uma forma similar: tudo que é conquistado num período de desenvolvimento cognitivo ou numa fase da matriz de identidade é revivido e integrado no período ou fase posterior, com a devida descentração adquirida ou não adquirida, quando tratamos do sujeito psicológico e não mais do sujeito epistêmico. Isso é conquistado de tal modo que o indivíduo traz dentro de si marcas e modos de pensar e de se relacionar emocionalmente, características de todos os períodos e fases. Quanto mais o indivíduo se utilizar de instrumentos cognitivos ou de formas de relacionamento característicos dos primórdios do desenvolvimento menos adaptado ou insano ele pode ser considerado. O desenvolvimento, em ambos os aspectos, parte do egocentrismo em direção à descentração, e isso marca todos os períodos de desenvolvimento cognitivo, assim como todas as fases da matriz de identidade. O Quadro V é a representação gráfica que traduz a referida similaridade entre o processo de matrização e de desenvolvimento cognitivo.

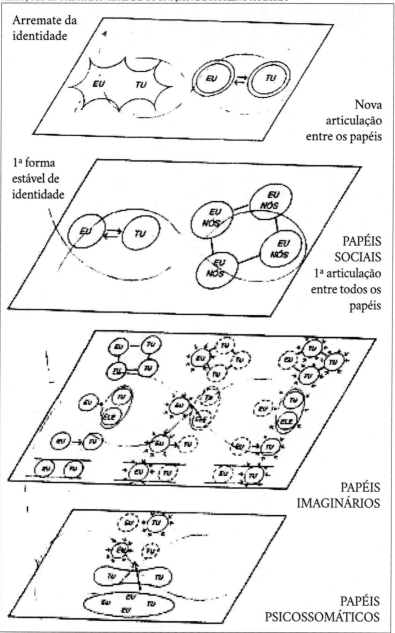

Quadro V – Representação das correlações entre o processo de matrização e o processo de desenvolvimento cognitivo
Fonte: a autora.

CONSIDERAÇÕES FINAIS

Esta parte do trabalho tem como objetivo algumas respostas à pergunta: para que este estudo foi realizado? Qual a finalidade em sistematizar a teoria de desenvolvimento cognitivo de J. Piaget e o desenvolvimento segundo a Matriz de Identidade de J. L. Moreno e as correlações encontradas entre os dois campos, respectivamente, o cognitivo e o socioafetivo?

No decorrer da discussão sobre as correlações fica claro que a identidade psicossocial do indivíduo é construída ao mesmo tempo em que o universo físico e interindividual são construídos por ele e que ambas as construções se efetuam na contínua relação que o indivíduo mantém com o mundo. Essa relação que no início se dá com a primeira figura, o ego auxiliar, vai se ampliando no decorrer do tempo, abrangendo mais figuras e objetos. O processo pelo qual essas construções são efetivadas constroem fases ou períodos, os quais são determinados por uma estruturação progressiva, tanto dos modos de se estar no mundo como de aquisições propriamente estruturais, as quais guardam uma intimidade intrínseca entre si.

A compreensão científica do processo de formação da identidade do indivíduo, a qual abrange os vários domínios da conduta: o cognitivo, o social e o afetivo são de capital importância para os profissionais que trabalham na área de relações humanas, quer sejam profissionais preocupados com a saúde mental, ou quer sejam aqueles que se dedicam à formação do indivíduo propriamente dito, isto é, a escola ou mesmo a universidade. De qualquer forma, essa primeira tentativa de sistematização da gênese do ego, a partir das correlações entre as abordagens piagetiana e moreniana, que tem um sentido fundamentalmente teórico, também traz colaborações para a prática ligada à clínica, ao ensino e à aprendizagem. Tais colaborações podem ser traduzidas pelas respostas à questão: quais seriam as posturas mais "educativas", num sentido profilático, terapêutico e psicoterápico, que um profissional das diversas áreas poderia assumir tendo em vista as correlações apresentadas anteriormente, as quais anunciam os determinantes afetivo-social-cognitivos do processo de cunhagem da identidade (singularidade) do individuo?

Em primeiro lugar seria importante ressaltar que o período que vai do nascimento até os arredores dos 2 anos é geralmente vivido na relação entre a criança e sua família, contando, ainda, com a influência direta ocasionada por intervenções de profissionais alojados em instituições ou consultórios, embora também seja sabido o número cada vez maior de creches que acabam fazendo o papel do aconchego do lar. De qualquer forma, é um período que, mesmo sendo de capital importância para a construção da identidade psicossocial do indivíduo, estará fora das discussões propostas nestas considerações finais, na medida em que as ações efetivas de profissionais, consequentemente com posturas facilitadoras, concretizam-se a partir dos 2/3 anos de idade, com a entrada da criança em alguma instituição ligada ao ensino e à aprendizagem. Outra ressalva importante a fazer seria a contribuição que Melanie Klein, entre outros autores psicanalistas, traz à compreensão do processo de cunhagem da identidade, relativo a esse período inicial e mesmo aos que se seguem, a qual poderá ser fonte de estudos posteriores.

Acabada a descrição das ressalvas relativas a estas considerações finais e, consequentemente, suas as limitações, podemos começar a delineá-las.

Sendo fato que a construção da identidade psicossocial do indivíduo conta com três patamares de equilíbrio, garantidos pela própria direção do desenvolvimento da espécie humana, sendo o primeiro ao redor de 2 anos, o segundo ao redor dos 7, o qual representa a primeira forma de identidade estável, e o último, com seu apogeu ao redor dos 15 anos, sinalizando o arremate da construção da identidade, parece legítimo repensar as posturas mais "educativas" dentro dos referidos patamares de equilíbrio. Já foi descrito que estas considerações finais terão como objetivo enfatizar os momentos, dentro do processo de construção da identidade do sujeito que um profissional pode ter condições de atuação. Desse modo, é no período entre o primeiro e segundo patamar de equilíbrio, ou seja, no período em que a criança constrói sua primeira forma estável de identidade (singularidade) e entre o segundo e o terceiro patamar de equilíbrio, no qual existe o arremate da sua identidade (singularidade), que o profissional tem condições de garantir a direção sábia, característica do próprio desenvolvimento.

O período que permeia o primeiro e o segundo patamar de equilíbrio é identificado pela faixa etária entre 2 a 7 anos. A criança apresenta características do período pré-operatório, as quais são correspondentes às suas vivências do início da Matriz da Brecha entre Fantasia e Realidade. É sabido que a criança está vivendo o ápice de sua fantasia e que se esforça para compreender as leis que regem os fenômenos físicos e interindividuais que caracterizam a realidade. O jogo simbólico, a imitação diferida, o desenho e sua própria linguagem particular são expressões dos papéis imaginários, os quais garantem sua relação com o mundo exterior. Essa relação, por sua vez, expressa a centração da criança ora em si própria ora no outro, quando estiver em dupla, ora em si ora na díade, quando estiver em três, ora em si própria ora no resto do grupo quando a relação compuser mais que três pessoas, mostrando a sua impossibilidade de um total reconhecimento de si, do outro e das relações que ora inclui e ora exclui. É sabido, ainda, que a criança só consegue tomar o papel e que esta tomada de papel a ajuda na conquista do reconhecimento do seu próprio "eu"; sua espontaneidade cresce nesse período e possibilita relações que engendram tele com objetos e pessoas, mesmo que a criança não diferencie totalmente seu "eu" dos "outros".

Ora, desse modo, a postura mais educativa de um profissional seria a de facilitar a atualização do próprio potencial infantil, pela utilização dos mesmos recursos com que ela conta nesse período de desenvolvimento. No entanto, deve-se estar orientado para qual será o próximo passo a ser construído no seu processo de desenvolvimento. Isso quer dizer que o profissional pode propor atividades espontâneas nas quais a criança possa realizar jogos simbólicos ou jogos de papéis, imitação diferida, desenhos, assim como oferecer materiais que facilitem algumas atividades cognitivas, tais como seriação, classificação, numeração, correspondências, conceitos que são adquiridos num momento imediatamente posterior a esse no seu processo de desenvolvimento. Ajudá-la na sua caminhada pela construção das noções objetivas de tempo, espaço e causalidade significa incorporar à relação com a criança jogos de construção. A experiência com eles pode levá-la ao discernimento dessas noções de um modo espontâneo e com o devido respeito ao seu próprio ritmo. Dito de outra forma pode ajudá-la no discernimento entre fantasia e realidade, isto é, entre o que ela imagina que seja e o que de fato é. Ajudá-la na conquista da diferenciação entre "ela" própria e o 'outro' significa dar possibilidades a ela de tomada de papel, ou seja, ajudá-la a desempenhar tantos papeis quantos os possíveis dentro de seu universo sociocultural.

O período entre 2 e 7 anos é ainda caracterizado pelo início da socialização. É sabido que o egocentrismo da criança está no seu auge e que o projeto é a descentração, tanto afetiva quanto cognitiva. Dessa forma, possibilitar uma convivência infantil de tal modo que as crianças possam brincar, falar, resolver problemas práticos entre si, tende a garantir a descentração de seu próprio ponto de vista ou de sua ação, levando-a a enfrentar o julgamento dos outros, assim como aceitar a cooperação do grupo. O exercício da comunicação verbal, mesmo sendo essa caracterizada por uma linguagem ainda egocêntrica, contribui para que a criança experiencie no plano da representação o que havia conquistado no plano da ação.

Penso que as posturas descritas acima são fundamentadas pelos dois autores estudados. Moreno acredita que os atos mais complexos de inteligência são aqueles nos quais a articulação entre espontaneidade e criatividade estão presentes. Nesse sentido é lícito garantir tais atos em qualquer nível dentro do processo de desenvolvimento. Da mesma forma, Piaget acredita que "compreender" sempre significa inventar ou reinventar (PIAGET, 1975, p. 69) o que legitima uma postura não "diretiva", permitindo que a criança crie sempre alguma resposta.

A partir do momento em que a criança constrói sua primeira forma de identidade estável (singularidade), ou seja, a partir dos 7 anos até 11/12 anos, é legítimo que repensemos a postura "educativa" do profissional. Nesse momento, de alguma forma, se finaliza o primeiro nível de reconhecimento do "eu" e do "outro", o que significa que a criança construiu sua primeira forma de identidade enquanto construiu as noções objetivas de espaço, tempo e causalidade. Com a capacidade de compreensão das leis que regem os fenômenos físicos e interindividuais, a criança já discerne entre sua fantasia – *o como se* – e a realidade – *o como é*, assim como tem possibilidades de enfrentar e emitir julgamentos justos, o que acarreta uma cooperação grupal. Está capacitada, portanto, à inversão de papel. Sua relação com o mundo se dá pela primeira articulação entre os papéis psicossomáticos, psicodramáticos (imaginários) e sociais, posto que seja a primeira vez que tem possibilidades de desempenhar os papéis sociais.

Ora, qual seria a postura mais "educativa" então?

Pensamos que nesse momento a postura "educativa" do profissional, que na relação com a criança facilitaria o seu desenvolvimento, seria aquela que permitisse a consolidação de suas novas aquisições, ou seja, de seus conceitos relativos ao entendimento dos fenômenos físicos e interindividuais: assim como aquela que preparasse a criança para a compreensão do mundo das possibilidades. Para tal podem-se propor atividades com material didático que estimule o raciocínio lógico, assim como atividades grupais que incentivem a descentração do seu próprio ponto de vista, permitindo que haja a verdadeira cooperação grupal. A técnica de inversão de papel é de grande valia nesse momento, posto que seja um recurso inerente à própria possibilidade do processo de desenvolvimento infantil.

Se a tomada de papel, como recurso técnico, no momento anterior do processo de construção de identidade da criança pode ser utilizada como postura "educativa", possibilitando a vivência pela criança de várias partes do seu "eu" ainda não devidamente articuladas e, portanto, não diferenciadas do "outro", a técnica de inversão de papel possibilita, no atual momento, a vivência pela criança de um "eu" e de um "outro" já diferenciados, atualizada por um mínimo de articulação entre os papéis que os compõem.

Estimular a criança à inversão de papel não só a ajuda na consolidação de sua primeira forma estável de identidade (singularidade), como também a prepara para posteriores encontros, visto que a possibilita a experimentação de outras maneiras de sentir, pensar e perceber. Dessa forma, esse recurso técnico também propicia o desenvolvimento da tele atualizada nas relações de reciprocidade.

A criança vivência sua primeira articulação entre os papéis psicossomáticos psicodramáticos (imaginários) e sociais e com isso, privilegia o desempenho dos papéis sociais. Dessa forma, o desempenho dos papéis sociais, de algum modo, pode bloquear o desempenho dos papéis imaginários e levar a espontaneidade à escravidão das forças da inteligência, memória e dos padrões sociais. Desse modo, é importante que o profissional não só estimule essa nova articulação como também ajude a criança na sua constante rearticulação entre os papéis em desenvolvimento. Isso significa que se deve continuar estimulando a vivência dos papéis imaginários com o objetivo de facilitar o trânsito livre entre a fantasia e a realidade vivida pela criança, o que é garantido pela atualização da própria espontaneidade/criatividade, na condição de conteúdo da tele vivenciada pelo desempenho dos papéis num dado campo sociométrico grupal. Ora, garantir a espontaneidade da criança é novamente incentivar suas respostas particulares, mesmo que essas já guardem a generalidade característica de um padrão cultural. Nesse sentido, seria incentivar o tom particular da criança, a sua maneira peculiar de articulação entre os papéis.

É importante lembrar que a criança compreende a lógica dos fenômenos físicos e interindividuais enquanto age sobre eles e que, no momento imediatamente posterior no seu processo de desenvolvimento, ela terá condições de compreensão de uma lógica hipotética-dedutiva, ou seja, de pensar sobre o próprio pensamento. Dessa forma, o incentivo para os jogos que proponham esse tipo de lógica e mesmo o incentivo para discussões sobre hipóteses não necessariamente tiradas de verdades vividas no aqui e agora da criança, tende a possibilitar nova descentração, tanto cognitiva quanto afetiva.

Quando a criança atinge a idade de 11/12 anos essa nova capacidade é conquistada. O púbere reinicia uma nova articulação entre seus papéis, visto que já tem possibilidades de desempenhar papéis que não pertencem a sua matriz sociocultural. A sua nova capacidade de pensar sobre hipóteses garante essa nova articulação.

Nesse momento é importante que o profissional esteja ciente sobre o rumo do próprio desenvolvimento, traduzido, novamente, pelo movimento de um egocentrismo em direção a uma nova descentração. O adolescente já com possibilidades de *inversão de papel*, de *relações télicas* e de *encontros*, precisa conseguir concretizar seus ideais por meio do desempenho de alguns papéis sociais que os legitimem. Isso precisa ser garantido novamente pela atualização da espontaneidade, do contrário, seria a própria concretização de papéis estereotipados e, assim, um adulto representante somente de conservas culturais.

Mais uma vez, uma postura "educativa" do profissional, baseada no incentivo de condutas próprias dentro de vivências em grupo, assim como diante de confrontos individuais, pode garantir os atos mais complexos de inteligência.

Toda essa discussão sobre possíveis posturas "educativas" representantes de algumas fases da matriz de identidade, assim como de alguns períodos do desenvolvimento cognitivo, tem como base a liberdade de expressão do indivíduo, a qual aponta para a atualização de sua espontaneidade e criatividade. Esse fato não exclui a importância dos limites ou dados de realidade que o profissional deve colocar, na medida em que fique claro para ele a distinção entre um universo aberto e um totalmente permissivo. Penso que somente um profissional com tal possibilidade de estar no mundo pode incentivar ou facilitar a "educação" do indivíduo, num sentido profilático, assim como sua "reeducação" num sentido terapêutico e, também, psicoterápico.

    Gostaria, ainda, de pontuar que o processo de construção da identidade/singularidade – aqui entendida, sobretudo, como a possibilidade de atualizar a direção sábia do desenvolvimento afetivo e cognitivo, com seus desdobramentos decorrentes da perspectiva tanto da corresponsabilidade pelos caminhos trilhados, quanto da busca pelos sentidos das próprias vivências - não tem um fim na adolescência. É um processo infindável, uma vez que a existência pede reconstrução dos saberes continuamente. Nesse sentido, as posturas "educativas" apontam para a possibilidade de sermos e multiplicarmos interlocutores férteis que possam fazer frente à angústia e ao temor derivados de processos de subjetivação ou de padrões existenciais que pedem por reorganizações.

PARTE II

NOTA DA AUTORA

Introdução

Ler este texto, novamente, em 2019, me traz alegrias pela travessia em movimento e, sobretudo pela possibilidade de continuar uma estória, compartilhando com o leitor alguns dos desdobramentos sobre os fundamentos aqui apresentados, num contexto social e cultural no qual *o que é líquido* sobrevive, importando menos a atualização do *amor fati*[6], do amor ao destino, do amor às ideias que trazem um sentido ao papel de cidadão, aos questionamentos frente ao momento histórico que vivemos neste Brasil e Mundo.

Desse modo, o texto a seguir, é uma complementação a este meu primeiro livro, atualizando conceitos, introduzindo outros, mas, sobretudo, não perdendo a coluna dorsal aqui já apresentada. Farei isso a partir da apresentação de sessões da clínica privada, em consultório de psicoterapia e da clínica social, pública, uma "clínica ampliada", desenvolvida no projeto Psicodramas Públicos no Centro Cultural São Paulo.

Da perspectiva dos conceitos piagetianos que apontam para a direção majorante do desenvovimento, sendo influenciada pelas ideias de filósofos como Espinosa, Foucault, Nietzsche, Deleuze, Agamben, reescreveria que esta direção do desenvolvimento sócio--afetivo-cognitivo, embora já constatada que não poderia ser algo da ordem do à priori, pois só acontece por meio da vivência relacional e social, recolocaria a ênfase na IMANÊNCIA DO PROCESSO, no sentido do fluir da espontaneidade, da vontade de potência, da constatação que os *dispositivos* podem engessar e não nos facilitar dar visibilidade para o que está nas trevas nessa contemporaneidade (WECHSLER, 2014, 2016).

---

[6] *Amor Fati*: termo cunhado por Nietzsche em Gaia Ciência/ Ecce Homo. *"nada quer diferente, seja para trás, seja para frente, seja em toda a eternidade"* (Ecce Homo, por que sou tão inteligente).

Seguindo em frente, da perspectiva moreniana, falaria hoje sobre Matriz de Subjetividades, na qual acontecem os processos de subjetivação, construindo ao invés da *primeira forma de identidade estável* (6/7/8 anos), o **primeiro equilíbrio da singularidade,** culminando com um novo equilíbrio por volta das 11/12, auge 15 anos. Com certeza nossa singularidade está em contínuo movimento, não parando de cessar a construção de sentidos, apesar da construção estrutural (cognitiva) ter sido atualizada, de forma imanente.

Por que tirarmos a ênfase na identidade e substituirmos por singularidade? Quando pareamos identidade com singularidade, estamos buscando dar foco para identidade no que ela tem de *ipseidade e não de mesmidade,* tal qual o filósofo Paul Ricoeur (1991) postula na sua narrativa do si-mesmo como outro, pois o que está em jogo é a noção de sujeito que descobre o seu ser mais íntimo na vivência do tempo. Por isso singularidade, que nos remete ao conceito de único, singular, resultante de um processo de subjetivação contínuo, longe da ideia de identidade como algo estático, fechado, acabado e permanente (aqui agradecemos as interlocuções dos alunos no curso de Didata e Supervisor no DPSedes (2008), na disciplina de Metodologia, oferecida pela autora, sobretudo ao psicodramatista André Dedomenico, que foi seu orientando na monografia para o título de Didata no foco psicoterápico, na qual muitas tessituras foram costuradas.)

A clínica nos arrebata para estudarmos sempre e, assim sendo, terminei o curso de Terapia Familiar em Hospital em 2003 (Unifesp), buscando ampliar os conhecimentos sobre a perspectiva sistêmica construtivista e uma trajetória no Daimon sobre os estudos de Freud, Melanie Klein, Bion, Winnicott e Lacan também influenciaram e ampliaram meu olhar para as psicopatologias que são o sofrimento humano, num determinado momento, contexto e história, seguindo sempre a espinha dorsal do processo de construção da identidade/singularidade do sujeito.

O quadro abaixo reflete como penso.
No entanto, renomearemos:

Inteiro:

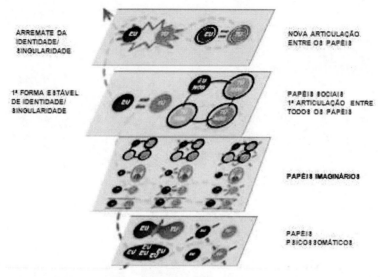

Quadro VI: Representação das correlações entre o processo de matrização/subjetivação e o processo de desenvolvimento cognitivo
Fonte: a autora.

Em partes, pois a clínica privada nos faz criar posições de foco, sobretudo com o trabalho com crianças e suas famílias:

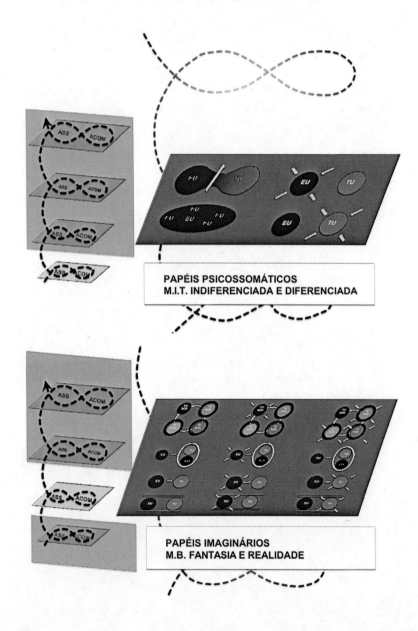

Assim, para podermos apresentar as práticas e melhor tecermos nosso olhar sobre os sofrimentos humanos e seus processos, a serviço de facilitar o sujeito e grupos serem ator e autor da sua própria "cura" (construção de novos sentidos, a partir de novos processos de subjetivação disparados) se faz necessário que explicitemos alguns novos conceitos aqui adicionados (WECHSLER, 2004)

Conceitos acrescentados e articulados:

texto escrito originalmente para a monografia de finalização do curso de pós-graduação lato sensu em Terapia Familiar em Hospital, orientado pela Dr.ª Maria Rita Seixas na Unifesp (2004).

1. A Concepção Sistêmica da Vida

Termos uma Visão Sistêmica da vida é, sobretudo, abandonarmos a ideia linear de compreensão de um fenômeno, ou seja, a premissa causa e efeito, tão referendada pelo pensamento positivista, cujo expoente principal, na filosofia, é Descartes, precursor da lógica dedutiva, base da filosofia cartesiana. Ao mesmo tempo, é abandonar a ideia de uma compreensão somente objetiva dos fenômenos e, nessa perspectiva, a crença de que é possível sermos observadores não participantes, isentos, das situações. Segundo as palavras de Capra (1982, p. 28):

> O paradigma ora em transformação dominou nossa cultura durante muitas centenas de anos, ao longo dos quais modelou nossa moderna sociedade ocidental e influenciou significativamente o resto do mundo. Esse paradigma compreende um certo número de idéias e valores que diferem nitidamente dos da Idade Média; valores que estiveram associados a várias correntes da cultura ocidental, entre elas a revolução científica, o Iluminismo e a Revolução Industrial. Incluem a crença de que o método científico é a única abordagem válida do conhecimento; a concepção do universo como um sistema mecânico

composto de unidades materiais elementares; a concepção da vida em sociedade como uma luta competitiva pela existência; e a crença do progresso material ilimitado, a ser alcançado através do crescimento econômico e tecnológico. Nas décadas mais recentes, concluiu-se que todas essas idéias e esses valores estão seriamente limitados e necessitam de uma revisão radical.

Essa mudança de paradigma, norteada a partir da física moderna, além de se definir pela diferença da premissa que o todo não é igual a soma das partes, tal qual o pensamento mecanicista cartesiano definiria, têm outras peculiaridades: segundo Capra (1982) é *orgânico, holístico e ecológico*, no qual o todo é indivisível e dinâmico, compreendido pela interdependência das partes, as quais tendem a formar algo que vai para além das partes, tal qual a união entre dois elementos gasosos – H2 e O, precipitando-se na formação de um líquido, a água (H_2O). Segundo Capra (1982, p. 15): "a maneira como as várias partes estão integradas no todo é mais importante do que as próprias partes. As interconexões e interdependências entre os numerosos conceitos representam a essência de minha própria contribuição". Assim, um Sistema Vivo poderia ser definido como a Teia de relações, a Teia da Vida, entendendo a vida como a busca de auto-organização, de padrões de organização contínua. Dessa maneira, compreender a interdependência das partes de um sistema que é plástico e flexível é tentar identificar o padrão que as conecta, os princípios básicos de organização, dentro de um processo dinâmico. As qualidades dos Sistemas Vivos, para o autor, então, seriam:

Auto-organização – determinada pela espécie – genótipo, na qual sua ordem de Estrutura e Função não é imposta pelo meio ambiente e, sim, guiada pelos princípios internos de organização. Os principais fenômenos dinâmicos da auto-organização são a *autorrenovação*, que significa a capacidade de reciclar continuamente seus componentes, sem perder a noção de identidade do sistema; a *autotranscendência*, a capacidade de criação de Novas Formas a partir das combinações possíveis que transcendem as próprias fronteiras físicas e mentais; a *estabilidade dinâmica*, característica de sistemas abertos, sendo a capacidade de manter a globalização do sistema em constante modificação, movimento contínuo entre equilíbrios e desequilíbrios. Tal estado de contínua flutuação é chamado de *homeostase*, estado de equilíbrio dinâmico. Em Sistemas Vivos, existem mecanismos reguladores que permitem essa homeostase, os quais se dão por retroalimentação negativa (*negative feedback*), no qual o organismo tende a voltar ao seu estado original frente uma dada perturbação, reduzindo qualquer desvio do estado de equilíbrio e retroalimentação positiva (*positive feedback*), que consiste na ampliação de certos desvios, em vez de os amortecer. Esses mecanismos tem um papel importantíssimo nos processos de desenvolvimento, aprendizagem e evolução. Dessa maneira, "a capacidade de adaptação a um meio ambiente variável é uma característica essencial dos organismos vivos e dos sistemas sociais" (CAPRA, 1982, p. 266).

Para corroborar essa ideia, Piaget (1975), já citado neste livro, afirma que a inteligência é a forma mais evoluída que a adaptação biológica assumiu no desenvolvimento das espécies e que ela – a inteligência – pode ser compreendida pelo duplo vértice, quer de adaptação, quando se olha da perspectiva externa, quer da organização – auto-organização – quando se toma a perspectiva interna. Esses aspectos indissociáveis acompanham a aquisição do conhecimento, a qual é garantida por um processo denominado de *equilibração majorante*, um sistema de autorregulações, por feedbacks positivos e negativos, tal qual Capra nos coloca, integrando, segundo Piaget, a maturação nervosa, a experiência com os objetos e a experiência social.

Aqui cabe citar Bateson (1904-1980), que segundo Capra (1982), traz uma concepção de mente que aponta para uma consequência necessária e inevitável de certa complexidade que se inicia muito antes dos organismos desenvolverem um cérebro ou sistema nervoso superior. Parece muito similar ao que falávamos sobre a concepção de inteligência que Piaget nos deixou. Bateson também foi biólogo, além de antropólogo, e nos brindou com a concepção de que a mente, sendo um sistema auto-organizador, característica de organismos vivos e o fato do mundo vivo estar organizado em estruturas de múltiplos níveis, significa que existam diferentes níveis de mente. "Deus não é criador, mas a mente do universo... representa a dinâmica auto-organizadora do cosmo inteiro" (CAPRA, 1982, p. 285). Bateson (1986) ainda acrescenta que o mundo é ligado em seus aspectos mentais e que para apreendê-lo é necessário identificar o padrão que conecta, ou melhor, o *metapadrão* – o padrão dos padrões, o qual somente ganha sentido dentro de um contexto, desenhando, então, significados: temporal define a função que ocupa e espacial, o lugar ocupado. Parece que o que Bateson tem por finalidade é o resgate do senso de Unidade da Biosfera e da Humanidade, a qual aponta para a afirmação da importância do exercício estético, aqui entendido como a sensibilidade para capturar o metapadrão.

Mas retornando para o nosso tema em questão – a visão sistêmica da vida – é importante salientar que a integração entre visão orgânica, holística e ecológica que caracteriza o novo paradigma, implica em poder olhar o fenômeno segundo suas conexões intra e intercampos e aí, novamente uma diferença básica entre o pensamento cartesiano, o qual desmembrava o ser humano em matéria e razão e, deixava, ainda, de lado o mote espiritual, tão caracterizador do pensamento da Idade Média, o qual dominava e aprisionava a ciência, naquele contexto. Dessa maneira, se voltarmos para o ser humano, portador de consciência e compreendermos o significado de com-ciência, dessa perspectiva sistêmica, poderemos integrar, novamente, mente, corpo e espiritualidade:

> [...] a maioria das teorias acerca da natureza da consciência parecem ser variações em torno de duas concepções opostas que podem, não obstante, ser complementares e se reconciliar na abordagem sistêmica. Uma dessas concepções pode ser chamada de concepção científica ocidental. Considera a matéria primária e a consciência uma propriedade de complexos modelos materiais que surge num certo estágio da evolução biológica. A maioria dos neurocientistas subscreve hoje esse ponto de

vista. A outra concepção da consciência pode ser chamada de visão mística, uma vez que está geralmente assentada em tradições místicas. Considera a consciência a realidade primária e a base de todo o ser. Em sua mais pura forma, a consciência, de acordo com essa visão, é imaterial, informe e vazia de conteúdo; frequentemente ela é descrita como "consciência pura", "realidade última", estas manifestações de consciência pura está associada ao Divino em muitas tradições espirituais. Afirma-se que é a essência do universo e que se manifesta em todas as coisas; todas as formas de matéria e todos os seres vivos são vistos como modelos da consciência divina... são alcançadas através da meditação, podem ocorrer espontaneamente no processo de criação artística e em vários outros contextos Os modernos psicólogos passaram a chamar de "transpessoais" as experiências incomuns dessa espécie porque parecem permitir à mente individual estabelecer contato com modelos mentais coletivos e até cósmicos...não obstante a concepção sistêmica de mente parece perfeitamente compatível com as concepções científica da mente e mística da consciência e fornece, portanto, a estrutura ideal para unificar as duas". (CAPRA, 1982 p. 290-291).

Segundo Kuhn (1977 *apud* NICHOLS; SCHAWARTZ, 1998) a História da Ciência ilustra a evolução dos diversos paradigmas norteadores utilizados nas diversas áreas, iniciando com o que ele denominou como período pré-paradigmático, durante o qual os profissionais ainda são divididos entre as diversas escolas rivais e finalizando com o período pós-paradigmático, no qual há a dominação de uma escola numa determinada disciplina. Nichols e Schwartz (1998) afirmam que a área da psicoterapia ainda não é uma área que alcançou um consenso no que diz respeito aos diversos paradigmas que a norteia, estando, ainda na fase pré-paradigmática ou pré-consensual, quer por ser um campo de pesquisa ainda novo, quer pela complexidade dos fenômenos com os quais as teorias da psicoterapia tentam lidar.

De qualquer maneira, em torno dessa visão sistêmica da vida, muitos autores vêm se reunindo para desenhar modos de tratamento para indivíduos, famílias e outros grupos e, nesse sentido, recriam a teoria, direcionando-a para finalidades específicas. O mote, a seguir, será resumir a trajetória da terapia familiar sistêmica, até chegar numa visão construtivista.

2. Terapia Familiar Sistêmica – da Cibernética de 1.a Ordem ao Construtivismo: alargamento no campo de visão e atuação do terapeuta familiar:

Contar a trajetória da terapia familiar sistêmica é, de alguma forma, pontuar que as ideias sobre a visão sistêmica da vida não conseguiram influenciar a terapia familiar do mesmo modo, linearmente, durante os diversos anos, desde a década de 50, quando os primeiros terapeutas familiares representaram o movimento contra os princípios estabelecidos no campo da saúde mental, concentrando-se, principalmente, nos contextos externos em detrimento à exclusividade da ênfase nos fenômenos intrapsíquicos e das explicações históricas, caracterizada por fase essencialista, segundo Schwartz *et al.* (2000). A segunda fase denominada por estágio transicional, na qual as ideias passam a se sedimentar, ampliando seu corpo teórico e questionamentos do modelo anterior, existindo, assim, a polarização entre os diferentes modelos constituídos; por último a fase ecológica, na qual a tendência é de uma integração, uma criação de uma nova forma que dê conta de incorporar abordagens divergentes, criando, assim , um metamodelo, um metapadrão.

A criação da Terapia Familiar orientada pela Cibernética de 1.ª ordem teve dois momentos: o primeiro, denominado por 1.ª Cibernética, foi o início da influência da visão sistêmica da vida e seus expoentes foram o grupo de Palo Alto (Califórnia, EUA): Virgínia Satir, Wadislavsky, entre outros. A ênfase no comunicacional inaugurava a importância de se observar o sistema de comunicação entre os elementos da família e a correção dos "erros" detectados, apoiando-se no princípio da transformação por "feedbacks" negativos[7]. O terapeuta fazia o papel de observador participante. O segundo momento foi a 2.ª Cibernética, na qual a ênfase estava na transformação estrutural do sistema e, portanto, na correção do "erro" por "feedbacks" positivos e negativos. Os expoentes foram: Minuchin, Ackerman, Jay Haley e sua escola estratégica. O terapeuta ainda fazia o papel de observador participante do sistema. Dessa maneira, a postura do terapeuta, nesses dois momentos da Cibernética de 1.ª Ordem, era mais diretiva, atualizando a existência de uma verdade à priori.

A passagem da Cibernética de 1.ª Ordem para a Cibernética de 2.ª Ordem implicou numa mudança de paradigma e a transição foi representada pelo grupo de terapeutas que compunham a denominada Escola de Milão ou Escola Sistêmica, influenciada pela escola estratégica de Jay Haley. Os seus expoentes foram: Mara Selvini Palazzoli; Juliana Prata; Ceccim; Bôscolo entre outros. Essa escola foi considerada uma transição na mudança de paradigma, pois embora o terapeuta ainda fosse um observador participante, ele, ao trabalhar com paradoxos e contraparadoxos, iniciou questionamentos a respeito das verdades que orientavam o sistema.

A mudança de paradigma que sustentou essa passagem inaugura um alargamento no campo de visão da realidade, visto que a crença se desloca de uma realidade apreendida pelo terapeuta e os erros detectados por ele para uma realidade a ser coconstruída, assim uma multirrealidade. Na medida em que o terapeuta faz parte da circularidade do sistema não pode existir uma verdade objetiva e o sistema não é definido pelo problema, mas sim o problema é que define o sistema, ou seja, o problema é a própria história contada e, nesse sentido, as relações constitutivas são construídas por meio da linguagem. O papel do terapeuta muda de observador participante que detecta o sintoma e corrigi o erro para aquele que pode ser facilitador e corresponsável na construção de uma

---

[7] A correção do erro por "feedback" negativo implica em se absorver o erro ao sistema, sem transformar a forma, a organização do sistema; já por "feedback" positivo implica em transformação da organização disfuncional, da estrutura antiga do sistema.

realidade que compreende o sintoma como uma disfunção entre todos os participantes do sistema, assim uma corresponsabilidade é inaugurada, uma vez que o importante é como os elementos do sistema se relacionam com o problema via a linguagem, expressão do pensamento, portanto dos símbolos, dos signos, das crenças, das prioridades. Esse são os princípios gerais do construtivismo, outra denominação para Cibernética de 2.ª Ordem, na qual o que norteia o fenômeno do conhecer é a interdependência entre sujeito do conhecimento e realidade a ser construída, apontando para uma coconstrução da realidade pelos sujeitos. Seus expoentes foram: Michel White; Gulhieham; Tom Andersen; Karl Tomm; Andolph; Carlos Slusky, entre outros.

Falar em mudança de paradigma nessa passagem da Cibernética de 1.ª Ordem para a de 2.ª Ordem ou construtivismo é também poder pensar nas contribuições de Maturana e Morin que também fundamentam esse novo modo de concepção de construção da realidade, além de Piaget, que já falava sobre isso em seus escritos datados em 1977[8]. Maturana (1928-hoje), chileno, doutor em biologia, traduz uma epistemologia que aponta para as questões sobre as bases biológicas do conhecimento e a importância da linguagem como tradutora dos símbolos e signos da família. Para abordar a questão das bases biológicas do conhecimento, segundo Maturana, recortarei dois conceitos que me parecem fundantes: o de estrutura e o de organização. Segundo Maturana (1998) a realidade não é cópia fiel do exterior, pois têm elementos próprios do sujeito, seus componentes constitutivos. Dessa maneira, da perspectiva do sujeito, a estrutura são os componentes e suas relações (é dinâmica) e a organização é a maneira particular, o arranjo singular entre os componentes constitutivos do sistema, ou seja, o padrão, a forma que se repete e que dá identidade ao sistema (indivíduo). A pesquisa e compreensão dos universos intrapsíquico, expressão maior do indivíduo e interpsíquico, foco maior no relacional, são de funda-

---

[8] Recherches Sur L'abstraction Réfléchissante – L'abstraction des relations lógico-arithmétiques et L'abstraction de l'ordre des relations spatiales. Presses Universitaires de France, 1977.

mental importância para o terapeuta familiar Sistêmico que, numa abordagem construtivista, tem a linguagem em estreita conexão com o pensamento, os símbolos, signos e valores. Poderíamos dizer que Maturana referendaria a ideia da linguagem ser a expressão da organização interna do sistema e também reveladora da estrutura que o sustenta. Concepção parecida com a ideia de Piaget, uma vez que para ele a linguagem é filha do pensamento e, nesse sentido, traduz o nível de organização interna dele, ou seja, o nível estrutural e a sua função. No entanto, outros autores, Vygotsky, por exemplo, diz que o pensamento é filho da linguagem, o que nos conduz à pesquisa sobre a importância da linguagem (sistema social) na construção das estruturas e organização (VAN DER VEER; VALSINER, 1996). De qualquer forma, existe um paralelismo entre a linguagem e a estrutura que sustenta o nível de organização particular do sistema: ao falar se conhece o que se pensa e como se pensa e é somente assim que é possível fazer outras conexões e tecer junto novos significados/ sentidos. O verbo é o princípio organizador da natureza.

Morin (1921-hoje), nascido em Paris, é considerado um dos maiores representantes do paradigma da complexidade, no qual a questão norteadora é a possibilidade de compreensão da realidade sem fragmentações, religando o que o pensamento cartesiano separou, uma vez que *complexus* significa "o que é tecido junto". O pensamento complexo é aquele que se esforça para unir, não na confusão, mas operando diferenciações. Morin partiu da Teoria Geral dos Sistemas de autoria de Bertalanffy, o qual introduziu o princípio do holismo, da totalidade, em oposição ao paradigma reducionista que procurava explicação ao nível dos elementos ou partes; define sistema como um conjunto de inter-relações mútuas (BERTALANFFY, 1956). Morin ampliou o conceito de Sistema partindo das ideias de Pascal, o qual considerava impossível conhecer as partes sem conhecer o todo e vice-versa; e das ideias de Saussure, o qual conceituava sistema como uma totalidade organizada, constituída de elementos que se definem em função do lugar que ocupam dentro da totalidade. Dessa maneira, a ampliação que Morin fez na conceituação de sistema pode ser assim definida: "unidade global organizada de inter-relações entre elementos". Para Morin (1999, 2006), o Sistema é uma unidade complexa, no qual o conjunto é, ao mesmo tempo, uno e homogêneo, sob o ângulo do todo; diverso e heterogêneo, sob o ângulo das partes; é complementar e antagônico. O pensamento complexo nasce da Teoria geral dos Sistemas, Teoria do Caos, Termodinâmica e Cibernética. Os princípios da complexidade podem ser assim descritos: 1) *Princípio dialógico*, o qual nos permite manter a dualidade no seio da unidade, associando dois termos complementares e antagônicos; 2) *Princípio Recursivo*: é um processo em que os produtos e efeitos são, ao mesmo tempo, causas e produtores daquilo que os produziu; 3) *Princípio hologramático*: a parte está no todo e o todo está na parte, como os hologramas. 4) *Princípio da auto-eco-organização*, que integra a autonomia e a dependência, a autopoiese (autocriação) e a influência do ambiente na transformação.

Dessa maneira, a postura construtivista de um terapeuta familiar está embasada por esse paradigma da complexidade e junto à família ele vai coconstruindo os diversos sentidos que as relações intra e interpsíquicas vão tecendo, facilitando a reconstrução dos significados e, dessa maneira, cocriando novas formas de relação e funcionamento familiar.

As contribuições importantes de Michel White, Karl Tomm e Tom Andersen parecem filiadas a essa linha de raciocínio. De Michel White, a ideia da externalização do problema, a qual nos ajuda no mapeamento sobre como o problema, influencia as pessoas e suas relações, facilitando o desenho da estrutura e a organização particular do sistema, por meio de perguntas; de Karl Tomm, as questões lineares, circulares, estratégicas e reflexivas que nos orientam sobre a referida estrutura do sistema e sua organização particular; de Tom Andersen, a ideia da Equipe Reflexiva, a qual abre perspectivas para o sistema sobre o reconhecimento do seu próprio modo de funcionamento e outras possibilidades. Grandesso (2000) nos brinda com uma brilhante obra, na qual faz uma análise epistemológica e hermenêutica da prática clínica, enfocando a reconstrução do significado. Coloca-nos as diferenças entre construtivismo e construcionismo social, nomeando-os como epistemologias pós-modernas, no entanto, também em busca da complexidade, tal qual Morin, admite a complementariedade das ênfases: no individual-construtivismo; no social-construcionismo.

3. Teoria Socionômica: as contribuições de Moreno (1889-1974) para o Pensamento Sistêmico

Socionomia tem em sua etimologia os radicais – -*nomia* que vem do grego e que significa regra, lei e o radical *socius*-, emprestado do latim, significando grupo, companheiro. Dessa maneira, a finalidade da ciência socionômica, criação de Jacob Levy Moreno, seria poder ler as regras, as leis que atravessam as relações interpessoais num determinado grupo social. Criou, então, três vertentes para dar conta desse projeto: a sociodinâmica, ciência que se ocupa em explicitar a dinâmica das relações interpessoais, cujo método, por excelência é o *Role-Playing*, ou jogos de papéis; a sociometria, ciência que tem a finalidade de desenhar a estrutura dos grupos, por meio da medida dos vínculos, cujo método é o teste sociométrico e/ou leitura sociométrica dos vínculos; e a sociatria que se ocupa das transformações, ou seja, das possibilidades de cura do grupo e/ou do indivíduo, cujos métodos são psicodrama, sociodrama, psicoterapia de grupo, axiodrama e outros métodos contemporâneos. É na interdependência dessas três ramificações que o socionomista pode apreender a estrutura, a dinâmica e propor a cura de um grupo e/ou indivíduo, cujo lugar é de um observador participante, envolvido na teia de relações desenhadas pelo grupo. Cabe ainda ressaltar que a teoria socionômica tem sua raiz no teatro, na sociologia e na psicologia como já tecido no início desse livro. Do teatro, Moreno (1923) empresta o termo *papel* e a ideia de drama que pode ser representado, no entanto, o drama e a trama constituída, da perspectiva moreniana, diferenciam-se do teatro formal, pois são construídos no momento, no encontro entre a plateia e os atores que, espontaneamente, criam e recriam os textos e as performances, traduzindo sentidos coletivos e individuais. Do Teatro da Espontaneidade (Moreno, 1923), nasce à possibilidade do Teatro Terapêutico e o famoso caso "Bárbara-Jorge" poderia ser considerado o embrião do trabalho de casal e família.

Seixas (1992), ao citar Moreno, pontua que o autor identifica três tendências ou dimensões no universo social, denominada por tricotomia social, que o aproxima do pensamento sistêmico – a sociedade externa, a matriz sociométrica e a realidade social:

> Por sociedade externa, entendo todos os grupos visíveis e tangíveis, grandes ou pequenos, oficiais ou não, de que compõe uma sociedade humana. A matriz sociométrica compreende todas as estruturas sociométricas invisíveis à observação macroscópia, mas suscetíveis de descobrir-se mediante a análise sociométrica. Enfim, entendo por realidade social, a síntese e a interpenetração dinâmica das duas dimensões precedentes" (SEIXAS, 1992, p. 31).

Para Moreno (1972), ainda citado por Seixas (1992), o conflito resultante das duas primeiras dimensões jamais se resolve por completo, pois existe a luta dinâmica entre as forças subterrâneas dos vínculos que formam as estruturas sociométricas invisíveis e a realidade externa que se opõe a qualquer transformação. Essas estruturas sociométricas podem ser assim classificadas por: átomo social, a molécula, o socioide, o classoide e as redes sociais[9]. Essa leitura da realidade em níveis e em eterno dinamismo se aproxima da visão sistêmica de vida e as redes sociais é um conceito que agora começa a ser veiculado entre os terapeutas familiares.

Dos princípios descritos sobre o pensamento sistêmico o que poderíamos recortar aqui para pontuarmos suas similaridades com as contribuições morenianas seria a tendência de se viver o fenômeno segundo as múltiplas perspectivas, uma vez que para Moreno o desenvolvimento do indivíduo ou grupo aponta para a

---

[9] Por átomo social entendemos a menor unidade social que se forma ao redor do indivíduo, portanto os vínculos mais significativos num determinado momento; Por molécula compreendemos um conjunto de átomos sociais; Por socioide, entendemos uma aglomeração de moléculas ligadas a outras aglomerações, por meio de redes; Por classoides, compreendemos a interpenetração de diversos socioides. As redes sociais fazem a interligação dos socioides e classoides (SEIXAS, 1992).

possibilidade de inversão de papéis, que seria a possibilidade recíproca de se colocar no lugar do outro, num determinado contexto, num determinado momento (MORENO, 1946). Essa possibilidade se funda, ainda, na concepção moreniana de Ser Humano em relação, com seus conceitos fundantes de espontaneidade/criatividade e tele; na concepção de sua Teoria de Desenvolvimento (Matriz de identidade) e de sua Teoria de Personalidade (Teoria de Papéis). Optei por não explicitar os referidos conceitos aqui por acreditar que esses já estão plenamente apreendidos entre nós psicodramatistas.

O que vale pontuar é que o Ser Humano em relação vai construindo sua saúde e ou doença num grupo, sendo o primeiro grupo que o recebe é a família, com suas formas e padrões de relações constitutivos, suas crenças e valores. Ao entrar nessa família, o bebê também a transforma e juntos vão construindo novas formas de relações e/ou repetindo as velhas. Moreno (1946) chama essa primeira aprendizagem emocional de Matriz de Identidade, a placenta social que recebe a criança, como já explicitado no capítulo sobre Moreno, neste livro. Essa Matriz tem a finalidade de ajudar com que a criança consiga Inverter Papéis, ou seja, sair do seu egocentrismo intelectual, afetivo e social, descentrando-se, para poder experimentar a perspectiva do Outro, deixando com que esse outro, também viva a sua perspectiva.

Para tal desenvolvimento, já pontuado em publicações anteriores (WECHSLER, 1997, 1998, 1999) o conceito de Matriz de Identidade/Singularidade numa perspectiva construtivista – lócus de construção de conhecimento nos coloca que tudo que se constrói num determinado nível de desenvolvimento é reconstruído num nível posterior, alargando-se as formas e reorganizando-se os conteúdos. Assim, o nível do sensório motor (0-2 anos) no qual as formas e padrões de relações possíveis são a indiferenciação, simbiose e reconhecimento do eu e do tu, da perspectiva sensória, ou seja – corpo, casa das emoções podendo ser expressas pelos papéis psicossomáticos (Matriz de Identidade Indiferenciada e Diferenciada para Moreno), é reconstituído num nível simbólico, vias os papéis imaginários, o faz de conta e papéis sociais (apreendidos culturalmente), momento nomeado por Moreno de Matriz da Brecha Fantasia e Realidade. Esse momento é a partir dos 2 anos e marcado por períodos específicos: de 2+-6 anos, a criança, no auge da fantasia, lança mão, portanto, dos papéis imaginários, reconstrói-se e, ao mesmo tempo, o universo que a cerca atualizando relações de corredor, triangulação, pré-inversão, a serviço de sua primeira descentração do pensamento e afeto ao nível do simbólico, que culminará no momento seguinte. A partir dos 7 até os 11 anos, essa criança já consegue inverter papéis propriamente ditos, pois alcançou seu primeiro equilíbrio ao nível do pensamento e sua primeira forma de identidade estável, aqui reconceituada de primeira forma de *singularidade estável*, com a atualização da necessidade lógica, por um lado e da socialização, por outro, construindo, para tal a estrutura de reversibilidade que ancora tais transformações[10].

No entanto ainda o virtual está subordinado ao real, que se expressa pela primeira articulação entre papéis psicossomáticos, imaginários e sociais. Dos 11 aos 15 anos, época do início da puberdade e adolescência, outra reconstrução é realizada, possibilitando ao adolescente se firmar no mundo das possibilidades virtuais, nas quais o real se subordina ao virtual, alargando a complexidade estrutural, inaugurando a fusão das lógicas das Classes (Inversão) e Relações (Recíproca), até então separadas pelo pensamento concreto, e reorganizando os conteúdos. Essa reorganização estrutural é a última que o desenvolvimento desenha, no entanto os conteúdos se reorganizarão a vida inteira, permitindo novos arranjos e novos sentidos, expressados por novas articulações entre os papéis psicossomáticos, imaginários e sociais. A singularidade do sujeito é compreendida, então, como resultante de um processo de subjetivação infindável, no entanto, trás coloridos com equilíbrios estáveis.

---

[10] Para Piaget, segundo Wechsler (1998, p. 72), "nesse momento qualquer ação mental da criança traduz uma operação, porque a criança já tem capacidade de anular em pensamento uma transformação percebida no mundo físico e inter-individual por meio de uma ação orientada no sentido inverso (A-A=0) ou compensada por uma ação recíproca (A corresponde a B e reciprocamente) [...] qualquer transformação operatória necessita de uma invariante, denominada esquema de conservação".

Assim, conceber um grupo e/ou um indivíduo como um sistema vivo, que se autorregula é viver com ele(s) as especificidades de suas próprias regulações, identificando padrões que conectam os indivíduos (intra e interpsíquicos), um *metapadrão* que leve em conta o contexto, o momento e, sobretudo, facilitando a cocriação de outras possibilidades de existência, de relação. Cunhar novos registros, diferentemente daqueles primeiros vivenciados na Matriz de Identidade, a partir de outros processos de subjetivação. Ora, é poder atualizar, pela experiência, a leitura sociodinâmica, sociométrica e sociátrica. Moreno, embora não identificado com os autores sistêmicos, mesmo porque seu pensamento é anterior ao nascimento da teoria sistêmica, já tinha em seu corpo teórico-metodológico e, sobretudo, em seu pressuposto de Ser Humano em relação – o germe do pensamento sistêmico. Assim como Piaget, não reconhecido entre os pensadores sistêmicos, já desenhara a *equilibração majorante* como o mecanismo de autorregulação tão caro aos pensadores sistêmicos.

Dentre os autores de 2.ª Ordem, podemos citar uma autora brasileira, Seixas, M.R.D. que em 1992, em seu livro *Sociodrama Familiar Sistêmico*, resultante de sua tese de doutorado na PUC/SP faz uma releitura sistêmica e pós-moderna da Socionomia de Moreno, colocando o Psicodrama Sistêmico no rol das terapias sistêmicas de 2.ª Ordem.

Assim nascem as figuras a seguir:

FUNDAMENTOS EPISTEMOLÓGICOS

Construtivismo Piagetiano – perspectiva individual –
(sistema-intra) Equilibração majorante/Espontaneidade

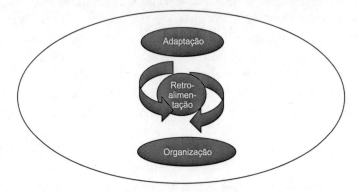

Figura 4 – Fundamentos epistemológicos intrapsíquico
Fonte: a autora.

FUNDAMENTOS EPISTEMOLÓGICOS

Sistêmica Construtivista/Pensamento Complexo –
perspectiva grupal – Sistema (inter)/Socionomia

Figura 5 – Fundamentos epistemológicos interpsíquico
Fonte: a autora.

Partimos do esquema de desenvolvimento, ora já descrito nos Quadros V e VI e das duas outras figuras decorrentes da perspectiva sistêmica apresentada. Aqui, nessas duas figuras, assumimos que organização intrapsíquica e a organização interpsíquica são entendidas (sujeito e a família) como um sistema, funcionando a partir de ações que retroalimentam o modo de funcionamento vigente, nos dois casos a serem apresentados, um padrão que levava ao sofrimento. Entendemos ainda que o sintoma da criança precisa ser compreendido como metáfora do modo de funcionamento do sistema familiar, o *metapadrão* e que este se correlaciona ao personagem protagônico no contexto dramático. Como chegamos a esta correlação entre *metapadrão* no contexto grupal e *personagem protagônico* no contexto dramático? Ora, é sabido que há a tridimensionalidade dos contextos: social, grupal e dramático, o que quer dizer que ter uma concepção sistêmica da vida é estabelecer e compreender as conexões. Tudo que é vivido no contexto dramático, diz, num determinado momento, das vicissitudes do contexto grupal, institucional e social, quer pela constatação do princípio hologramático que Morin nomeou – *a parte está no todo e o todo está nas partes* – quer pela constatação sobre a porosidade dos contextos social, grupal e dramático que Moreno nos deixou, aqui pelas palavras de Contro (2009, p. 54):

> A porosidade entre os contextos, não são só grupal e o social, mas oferecendo ainda outro, o dramático, onde se edifica a realidade suplementar, via pela qual os contextos todos se conectam num só momento, é mais um exemplo sobre como grupo e instituição se transversalizam.

No entanto cabe, ainda, ressaltar e articular os conceitos de **Realidade Suplementar** e de **Coconsciente e Coinconsciente** de Moreno, não explicitados no primeiro livro, visto que foi um livro iminentemente teórico, mas quando adicionamos nossa prática, quer da clínica privada com crianças e famílias, quer da clínica social/pública, entendemos serem conceitos fundantes.

Assim, entendemos **Realidade Suplementar** como um princípio e um método, mais que técnica, ao mesmo tempo: princípio, pois o caráter mágico e inovador da abordagem sociônomica mora na possibilidade de encenarmos os *acontecimentos* vividos ou imaginados num contexto protegido, poético, o contexto dramático, fazendo do sujeito ou grupo o protagonista da sua história, na qual ele poderá dar visibilidade às tramas e dramas vivenciados ou imaginados, permitindo viverem outros processos de subjetivação a serviço de sua expansão. Os primeiros trabalhos de Moreno com crianças no Jardim de Viena (1910), culminando com o Teatro da Espontaneidade em 1923, nos aponta o princípio de seu novo método. Quando nos apropriamos do método para o foco psicoterápico, a partir da sistematização que Moreno (1946/1959/1972) faz e acompanhando os autores contemporâneos, sobretudo Perazzo (2010) e Nery (2003), compreendemos que ao facilitarmos nossos clientes no sobrevoo rumo às suas dores, no contexto dramático, os guiamos até o *status nascendi* do conflito, a fim de poderem reorganizar os conteúdos de seus dramas, num determinado contexto de tramas, inaugurando novos processos de subjetivação. Se tudo se passa no "como se", no contexto dramático no qual tudo é permitido, eis o mote de se entender a Realidade Suplementar como um princípio.

> O sociopsicodrama não consiste apenas na encenação de episódios, passados, presentes e futuros, que são vivenciados e concebidos no cenário da realidade – um equívoco freqüente. Há no sociopsicodrama um tipo de experiência que ultrapassa a realidade, que oferece ao sujeito uma nova e extensiva experiência da realidade, uma realidade suplementar. Fui influenciado na cunhagem do termo "realidade suplementar" pelo conceito de Marx de "mais-valia". O valor suplementar seria a parte do salário do trabalhador que lhe fora roubado pela empresa capitalista. Mas realidade suplementar, em contraste, não é uma perda, mas um enriquecimento da realidade por meio do investimento e do uso extensivo da imaginação. Essa expansão da experiência é possibilitada no sociopsicodrama pelos métodos não usados na vida – egos auxiliares, cadeira auxiliar, duplo, inversão de papeis, espelho,

loja mágica, a cadeira alta, o bebê psicodramático, o solilóquio, o ensaio da vida e outros (MORENO, 1972, p. 4; 212-3).

No entanto, também podemos compreendê-la como um método, mais que técnica, a serviço da cura, embora Zerka Moreno *et al* (2001, p. 45) insistisse em ser técnica:

> R.S. é usado como uma técnica para completar a cura, para a integração do Ego, tendo lugar no contexto dramático, diálogos entre o protagonista e alguém que já morreu, ou dando a ele um "novo" pai ou mãe... [...] R.S. deve ser considerada uma ferramenta teatral que ajuda o diretor a criar desconfortos ou tensões no cenário dramático.

Método, caminho, pois somente conseguiremos atingir os objetivos de um novo *equilíbrio psíquico* se pudermos engendrar nessa cadeia a possibilidade de capturarmos a sociodinâmica e sociometria dos elementos que compõem a trama relacional, compreendendo o protagonista como aquele que continua atualizando um mesmo processo de subjetivação cunhado na sua Matriz de Identidade/Singularidade e que o faz também ser corresponsável pelo seu drama de sofrimento. Assim, ao devolver ao sujeito o que lhe era de direito e lhe fora roubado, "a mais valia" cunhada por Marx, propomos a vivência de papéis complementares que inauguram um novo processo de subjetivação. O protagonista, assim, será capaz de criar pontes/conexões entre os campos imaginário e simbólico antes inexistente. A Realidade Suplementar, entendida aqui como a que dispara a criação de personagens importantes para o sujeito, com os quais ele vai podendo experimentar novas e potentes formas de existir atualiza o conceito de método, caminho, pois necessita engendrar as leituras sociométricas e sociodinâmicas do grupo para disparar esse *poder imanente*. Segundo Wechsler, Santos, Altenfelder e Silveira (2014, p. 30, grifo dos autores):

> [...] a possibilidade de ressignificar os conteúdos que dão forma aos papéis, constituintes da Identidade/ **Singularidade**, é a arte da psicoterapia. A Realidade

Suplementar, compreendida como um caminho, um método que ampara o psicoterapeuta na condução a essa ressignificação é de grande valia.

No entanto, no cotidiano da vida na realidade compartilhada, ao "fazermos o caminho ao caminhar", por intermédio dos papéis sociais, ousamos dizer que também é possível experimentar, de forma imanente, momentos característicos da Realidade Suplementar quando participamos de grupos com ideais de transformação social – *utopia moreniana*. Com eles experimentamos o sentimento de alegria ao estar intervindo, por intermédio do papel de cidadão, nas conexões do tecido social, *com* e *para* grupos, com demandas específicas, mas com mesmos propósitos – potencializar os papéis trabalhados, coconstruir ocupações na cidade etc., possibilitando fluidez entre o campo imaginário e o simbólico. A Realidade Suplementar, mesmo sendo privilégio do contexto dramático, pode acontecer no contexto social, na vida cotidiana quando experimentamos o papel de cidadão. Se não fosse, será que o Projeto Psicodrama Público no Centro Cultural São Paulo persistiria desde 2003? há mais de 16 anos? O que nos faz pensar, como contemporâneos, que a verdadeira política – a possibilidade de ao compartilhar a existência cria-se uma corresponsabilidade pela *polis* – está sendo vivida em ilhas no contexto social, daí a ideia da Realidade Suplementar ser experimentada nesse contexto ao desempenharmos nosso papel de cidadão num momento histórico que não incentiva ou facilita o exercício da cidadania.

Coconsciente e Coinconsciente:

Esses dois conceitos cunhados por Moreno (1946) são muito caros a nós, socionomistas, visto que os processos de subjetivação da Matriz de Identidade/Singularidade, placenta social que ampara o bebê ao nascer, veiculam o coconsciente e o coinconsciente da família, da cultura e do momento social , sendo constituintes da singularidade em formação. Não podem nunca ser propriedade de um só indivíduo. Knobel (2011) nos ajuda muito a explicitar e compreender esses conceitos:

Os primeiros [estados **coconscientes**] são lembrados como parte de suas histórias de vida, como constituintes de suas identidades. Os últimos [estados **coinconscientes**] fazem parte do que cada um viveu, ouviu falar, soube um dia, mas de que não se lembra mais ou, ainda, do que nunca soube, mas faz parte das experiências das pessoas significativas de seu campo relacional, estejam elas vivas ou mortas. Constituem um continuum de sentidos transmitidos relacionalmente, que dá colorido e singularidade às experiências. (KNOBEL, 2011, p. 139, grifo e inserção de aposto nosso, não consta na referência original).

Knobel (2016, p. 18-19) também articula os conceitos de Tele e Coconsciente/Coinconsciente, referendando nossas ideias acerca da gênese da constituição dos processos psíquicos, ao pontuar:

> [...] podemos verificar que tanto a tele como os estados coconscientes/coinconscientes se constituem pela comunicação bilateral entre o bebê e seus cuidadores, em um momento pré-simbólico no qual as vivências ainda não têm representação mental, não estão nominadas, nem se organizaram em função da causalidade ou da lógica formal.

A autora continua, buscando Moreno que acrescenta elementos socioculturais à gênese do coinconsciente, além da dinâmica relacional precoce, referendando que a Matriz de Identidade além de veicular os modos de funcionamento dos vínculos familiares, também veicula os padrões sociais constituídos pela interpsique cultural. A Matriz de Identidade vai decrescendo de importância, na medida em que outras Matrizes educacionais, de trabalho, de amigos etc. tomam seu lugar, no decurso do desenvolvimento da criança:

> Entende-se que os estados coinconscientes são resultados diretos da experiência íntima entre conjuntos de indivíduos. Mas ele pode ser também resultado de experiências que ocorrem nos planos social ou cultural. O contado pessoal íntimo é substituído pelo contato indireto, transpessoal ou social. A interpsi-

que familiar é substituída pela interpsique cultural. (MORENO, 1961, p. 4 *apud* KNOBEL, 2016, p. 20).

Afirma, ainda, que o coinconsciente é sempre constituído por elementos transferenciais, podendo ser tratados pelos métodos socionômicos – ações psicodramáticas com casais e família e sociodramas grupais.

> Creio que sim, pois, no momento em que conteúdos e formas de subjetivação não podem ser assumidos pela consciência, deslizam do campo télico, referindo-se ao lá então dos traumas familiares ou sociais. Sempre escondem temas proibidos que continuam pulsando de forma não voluntária e autônoma. Por promover desacertos vinculares e pessoais, faz-se necessário um método de trabalho terapêutico específico com o coinconsciente (MORENO, 1961 *apud* KNOBEL, 2016, p. 21).

Dessa maneira, acredito que a apresentação das práticas a seguir poderá facilitar ao leitor que busca campos de ação transformadora, quer na clínica privada, quer na clínica ampliada, uma direção para a ressignificação de conteúdos que dão forma aos papéis, inaugurando outros processos de subjetivação no caminho de minimizar os sofrimentos individuais, interindividuais e sociais ao mesmo tempo.

APRESENTAÇÃO DAS PRÁTICAS:

1. *Clínica privada*, a partir de dois casos clínicos ministrei aula:

21º. Congresso Brasileiro de Psicodrama

Fortaleza – Ceará – maio 2018

Aula
• O Sociodrama Familiar regendo uma dança circular: homens, sociedade, família, crianças, homens...
• Mariângela Pinto da Fonseca Wechsler

21º CBP – Fortaleza - Ceará

> • Se o mundo é o que fazemos dele, podemos ajudar a torná-lo melhor.
>
> • É assim que agimos, quando trabalhando sociodramaticamente com as famílias, procuramos resgatar a espontaneidade dentro delas, eliminando padrões disfuncionais repetitivos.

21º CBP – Fortaleza - Ceará

- Observamos que os psicodramatistas que trabalham com famílias com crianças não têm espaço de interlocução sobre como manejar o trabalho familiar, posto que não haja muita literatura sobre isso.

- Assim apresentaremos 2 casos clínicos para ilustrar o manejo

21º CBP – Fortaleza - Ceará

Caso 1:

- processo de psicoterapia de família com uma criança de 5/6 anos de idade que ainda faz cocô na frauda (de pé)

Caso 2:

- A conexão entre os campos Imaginário e Simbólico: a importância da Realidade Suplementar no processo de construção da identidade de uma criança adotada.

Mariângela Pinto da Fonseca Wechsler

Caso 1 (a família consentiu a publicação)

A queixa:

- Criança chega ao processo com 5 anos de idade em 2016. Os pais contam que ainda faz cocô na fralda, em pé, em todos os banheiros da casa, só com a mãe ajudando a colocar a fralda. Foi o primeiro filho e a mãe teve uma forte depressão pós-parto. Tem dificuldades de aguentar limites, sendo birrento e agressivo em casa. Está na Pré-Escola – Porto Seguro; criança inteligente e na área da socialização gosta de sempre ganhar nos jogos, quando se frustra para de jogar.

- Tem um irmão de quase 1 ano e a mãe também teve depressão pós-parto, mas como já conhecia, logo se tratou. O pai assumiu a maternagem dos 2 filhos.

- O bebê, 2º filho, ganhou o quarto do primeiro e esse passou a dormir na cama dos pais, para não interromper o sono do bebê.

- Pais são advogados e a mãe trabalha muito

- Pai faz segredos com a psicoterapeuta em sessão que a mãe não veio e atualiza o controle entre o casal como sintoma do sistema familiar

Caso 1

- A contribuição desse caso é sobre a metodologia psicodramática: o grupo familiar e o psicoterapeuta criaram músicas, na *Realidade Suplementar*, ao final dos jogos de regra – Can Can

- Como a psicoterapeuta trabalhou seguindo a espontaneidade moreniana e a teoria do desenvolvimento infantil?

- Quais os sentidos do sintoma da criança:

- intrapsíquico e interpsíquico?

Caso 1

- Seguindo a literatura, sabemos que a construção da Identidade/Singularidade é um processo que inicia desde a concepção do bebê, na Matriz de Identidade, lócus que abriga as relações familiares, veiculando a matriz social e cultural

- O grupo familiar é um sistema com sua organização disfuncional, quando chega à psicoterapia

Caso 1

- A criança precisava controlar tudo... mas *o que* precisava ser controlado?

- Como seria possível criar símbolos para a compreensão do padrão repetitivo do sistema familiar? o meta padrão/personagem protagônico do sistema familiar?

- Este processo pontua como a criança, às vezes junto à família, pode fazer novas experimentações no campo imaginário, onde as cocriações puderam acontecer, sobretudo pelas músicas, ao término do jogo de regras, de cartas – *Can Can* e o quanto estas vivências propiciaram conexões com o campo simbólico, a serviço de novas organizações intra e interpsíquicas.

Caso 1

Canções nas últimas sessões de 2017:

"Era uma vez uma família que jogava junto Can Can e que desejava sempre ganhar... a família 'qué-qué' estava aprendendo a aguentar... a mãe queria ganhar do papai a todo custo e o pai suportava, mas queria que o filho fizesse a música...então desejava.."

"Era uma vez um grupo de três, todos jogaram, ganharam e perderam, mas aguentaram e não desistiram... Então a família unida jogava, a família quero-quero, que só desejava ganhar, mas vem aprendendo junta que a vida é também aguentar..."

Caso 1

Canções em 2018:

- Ele na guitarra e sendo maestro e a psicoterapeuta com chocalho e fazendo a letra da música:

"Era uma vez um menino que ficava sempre no meio da disputa e controle da mamãe e do papai...também quero copiar..."

- A psicoterapeuta pega um boneco mamãe e outro boneco papai e como eles continua cantando:

"É filho (como mãe), quando nasceu eu adoeci e queria recompensar..."

"É filho (como pai), eu a mamãe fazemos um e outro sofrer...mas vamos aprender a fazer diferente...Não quero mais sofrer e fazer ninguém sofrer..."

Articulações Teórico-Práticas

- Estas canções foram cocriadas na *Realidade Suplementar*, dando condições de criação de símbolos, nomeação, para o que acontecia na família, favorecendo a conexão entre o imaginário e o simbólico

- De acordo com Zerka Moreno et al. (2001) – *Surplus Reality and the art of healing*

- R.S. é a possibilidade de dar de volta ao protagonista o que ele tinha de ter recebido por direito e não ganhou como a *Mais-Valia* de *Marx*

Método do Psicodrama Simbólico

Moreno (1959) - Group Psychoterapy and Psychodrama

- Diz-nos da importância de se encontrar situações simbólicas onde as crianças espontaneamente respondem para as correções

- Ele nos diz isso quando trabalhou com Karl, uma criança com 5 anos que tinha ataques de raiva com a mãe antes de dormir. Ele pôde ajudá-la encontrando uma situação simbólica produtiva (família real, príncipes e princesas)

- Nós pudemos encontrar uma situação fértil: Canções cocriadas pela psicoterapeuta, e pelos pais, quando estavam no setting terapêutico, depois do Jogo Can Can, onde o pequeno paciente identificado podia inventar, ser autor da trilha sonora, pegar instrumentos musicais, dizer **Sim** e dizer **Não**.

Sentidos do Sintoma

- **Do ponto de vista intrapsíquico,** o sofrimento do abandono, a impossibilidade de controlar sua existência, na depressão materna.

- **Do ponto de vista interpsíquico,** a negação da autoridade materna e paterna, visto que o controle das fezes impunha uma regra de submissão materna e a paternagem ficava ausente.

- **Do ponto de vista do Sistema familiar,** as inter-retroações, por feedback negativo, pela repetição da sociodinâmica e sociometria familiar, desenhando o meta padrão/ personagem protagônico – **controle e disputa** – entre os pais, mostrando a organização disfuncional do sistema e como metáfora o aparecimento do sintoma na criança: controle pelas fezes e disputa desmedida, não aguentando perder.

Resultados na Família e na criança - Caso 1

- A família vem aprendendo como acolher suas demandas e colocar limites

- Dar importância para escutar e dizer **SIM e NÃO**

- Ter mais cumplicidade entre o casal e ter uma vida de casal, com menos disputas

- Pai pôde ocupar sua função e a mãe também: Limites e Acolhimento

- Os 2 filhos ocupando o quarto dos Filhos e dormindo juntos

- O paciente identificado, primeiramente, fazendo cocô na fralda somente no banheiro dele e permitindo que a babá pudesse colocá-la. Agora em abril/18 ele conseguiu sair desse metapadrão – controle – e iniciou fazer cocô na privada. Ao mesmo tempo já está dormindo na casa de amigos e retornando à direção do desenvolvimento, rumo à autonomia

- A família aprendendo a controlar seus desejos, dando importância para um novo caminho, onde cada qual tem sua corresponsabilidade frente às escolhas

Resultados na família – Caso 1

- A sociodinâmica e sociometria familiar vêm se transformando. Os avós maternos já não atravessam mais, como antes, presenteando a todo o momento

- Então, estamos tendo movimento, outro equilíbrio, rumo à autonomia de todos

Caso 2 – foi apresentado no 19º International Congress for group psychotherapy (IAGP) – Croácia 2015 e com o consentimento da família quanto a publicação

- Uma criança adotiva carrega marcas da separação da família biológica e outras marcas... e precisa construir símbolos para compreender sua travessia

- Esse processo de psicoterapia pontua como uma criança de 5 anos pôde criar esses símbolos conectando-se com seu saudável campo imaginário, onde as criações aconteciam, sobretudo, pela figura do cavalo.

Queixa e Anamnese – Caso 2

- A criança foi adotada, por uma família americana que trabalhava na Malásia quando nasceu. O pai não queria a adoção, mas o desejo da mãe venceu.

- Vieram para o Brasil, onde viveram 3 anos. Voltaram para os EUA em junho de 2015

- O casal tinha mais 2 filhos biológicos: um menino de 16 anos e uma menina de 14 anos.

- A criança chegou ao processo de psicoterapia com 5 anos, em 2012 e ficou até 8 anos, sendo tratada com sessões individuais e em família.

Queixa – Caso 2

- Menina muito agressiva em casa, sobretudo em momentos de mãe e pai colocar limites. Na escola acontecia o mesmo, mas com mais brandura. Menina inteligente, falava inglês e português e estudava na Escola Americana, onde seus pais trabalhavam.

- Sentia-se completamente diferente de todos, pois não era loira com olhos azuis, como todos da família e a maioria da escola. Tinha uma pele escura e olhos vivos bem pretos, pois tinha descendência indiana.

O processo de Psicoterapia- Caso 2

- No campo Imaginário, por intermédio dos papéis psicodramáticos, no contexto dramático, ela conseguiu experiências sobre nascimento, separações, relações entre os irmãos e pais na família de cavalos.

- Nós cocriamos muitas situações de nascimento de um cavalo, a mamãe égua dando comida e cuidando do bebê cavalo; o papai cavalo ajudando eles e no final, todos os cavalos deixavam o campo e iam crescer com outros cavalos em outra fazenda.

Caso 2

Outros cenários:

- O bebê cavalo indo para uma nova fazenda, deixando a sua família de origem. A psicoterapeuta nomeando a dor do abandono

- Nas competições de cavalo, onde precisava ganhar sempre e a psicoterapeuta nomeava a inveja e o ciúme engendrados no cluster fraterno dos cavalos

Resultados na criança- Caso 2

- Ela pode pensar o impensável, pode encontrar sua alma perdida; pode ser mais espontânea e reduzir sua agressividade no contexto social, aceitando mais limites.

- Ela iniciou aulas de equitação e passou a desenhar muitos cavalos;

- Pelas cocrições imaginárias ela pode dar nomes aos sentimentos

- Sua identidade/singularidade alcançou um equilíbrio mais estável e sem sofrimentos pelas cocriações com a psicoterapeuta na *Realidade Suplementar*

- Pudemos encontrar uma situação simbólica fértil para sua correção: a família de cavalos

At process´ beginning

MARIÂNGELA PINTO DA FONSECA WECHSLER

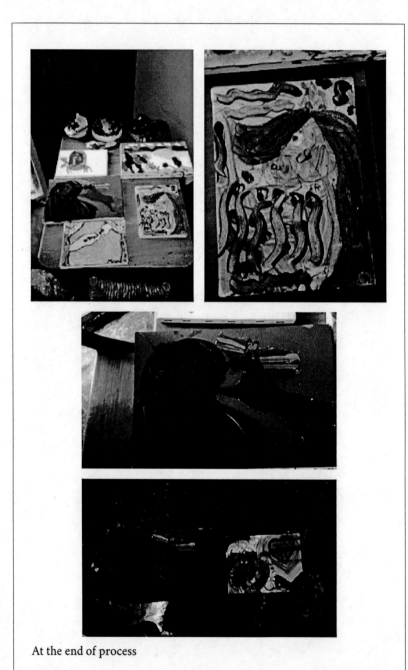

At the end of process

RELAÇÕES ENTRE AFETIVIDADE E COGNIÇÃO: DE MORENO A PIAGET

Pode construir pontes entre o Mundo Imaginário e o Simbólico

RELAÇÕES ENTRE AFETIVIDADE E COGNIÇÃO: DE MORENO A PIAGET

Resultados na família - Caso 2

- A família aprendeu como acolher a agressividade, a culpa e como colocar limites, sobretudo trazendo para o contexto familiar a vivência psicoterapêutica sobre a "família de cavalos" e seus ensinamentos

- Dar importância para o potencial criativo da criança

- Ter mais cumplicidade entre o casal e ser um casal

- O Pai conseguiu entrar nessa relação filha adotiva-mãe e aprendeu sua função: de suportar a mãe e colocar limites na filha

- O irmão mais velho parou de ter um cuidado excessivo com a menina, como se fosse o pai

- A irmã mais velha aprendeu ser irmã e não mais a mamy

- A sociodinâmica e a sociometria familiar transformou-se... houve movimento. A busca de outro Equilíbrio, rumo à Alegria de se estar vivo, autonomia, gratidão e mais reciprocidade

- A família volta para EUA em 2015 e se comunica com a terapeuta que tudo estava melhor!

2. Clínica Social/Pública/Ampliada

apresentação de duas sessões do Projeto Psicodrama Público do Centro Cultural São Paulo.

Primeiramente se faz necessário contextualizar esse projeto e pontuar o que entendemos por clínica social, pública e ampliada.

Já escrevemos em outro texto publicado (WECHSLER, 2019, pg 243-244)

> O projeto está em andamento há 15 anos, todos os sábados, já tendo mudado de horário e local, antes às

manhãs das 10h30 às 13h na sala Adoniran Barbosa, hoje das 14h às 16h30, no porão do Centro Cultural, sobrevive às intempéries das gestões públicas e continua perseguindo as utopias de uma Clínica Social, Ampliada e *Pública, onde uma Sampa de Pedra pode devolver, por intermédio de um espaço público que promove arte e vida, um pouco de humanidade e pertencimento* a uma população que é marcada por um sofrimento psíquico gerado, também, pelos processos de subjetivação. Afinal, os sofrimentos psíquicos são específicos aos indivíduos ou são efeitos de uma configuração grupal e social mais ampla? (WECHSLER; MONTEIRO, 2014). Nesses encontros aos sábados no Centro Cultural busca-se criar novas formas de subjetivação, um grupo que cocria suas cenas, seus temas, tendo uma caixa de ressonância grupal por intermédio da metodologia socionômica, articulando a singularidade à coletividade, o privado ao público e possibilitando outros estados psíquicos. Uma corresponsabilidade frente aos caminhos escolhidos, uma desalienação, uma vez que a cidadania não seria somente ter acesso ao que a cidade produz, mas, sobretudo, fazer parte da produção da cidade, ser sujeito da própria vida psíquica e social, ao mesmo tempo[11]. Nasceu no momento da gestão da prefeita Marta Suplicy, em 2003, a qual por intermédio de um projeto Feliz Cidade, fez contato com a psicodramatista Marisa Greeb e os psicodramatistas foram chamados para fazer, ao mesmo tempo, um Psicodrama da Ética na cidade, dia 21 de março de 2003, o qual se desdobrou no projeto contínuo de Psicodrama Público no Centro Cultural São Paulo, a partir do trabalho lá feito com o nosso amigo psicodramatista Antonio Carlos Cesarino (WECHSLER; MONTEIRO, 2014, p. 2016)

Dessa maneira, clínica social e ampliada, pois as articulações entre os temas individuais e coletivos (sociais) se faz presente, por

---

[11] Subjetividades e Espaço Público. http//centrocultural.sp.gov.br/site/subjetividades-e-espaço-publico/

intermédio de conexões entre os contextos dramático, grupal, institucional e social, uma ética advinda da utopia moreniana, que nunca se alcança, mas que guia nossos sonhos. Clínica pública, pois, facilita o exercício do papel de cidadão ativo que constrói a *polis*, a cidade. Nesse sentido, uma ação política.

Trabalho voluntário desde seu início e um grupo de coordenação que tem a responsabilidade de convidar diversos diretores e de dirigir, pelo menos duas vezes a cada semestre. Muitos psicodramatistas já fizeram parte desta coordenação, nomeada por nós de grupo de sustentação (SUS). Hoje (2020) somos nove pessoas: Ariadne Senna, Cassiana Léa do Espírito Santo, Cibely Zenari, Claudia Fernandes, Andrea Claudia dos Santos, Mariângela Pinto da Fonseca Wechsler, Pedro Mascarenhas, Roberta Amaral e Valéria Barcellos.

19 de junho de 2010
O Tempo de Copa do Mundo e seus sentidos no Tempo do grupo[12]

Acontecimento Sociodramático:

Chegamos um pouco mais cedo no Espaço Centro Cultural e trocamos entre nós da equipe a estrutura do trabalho. Estávamos nos aquecendo e trabalhando a necessária cooperação da equipe – Unidade Funcional, com seu Diretor e Egos-auxiliares.

Às 10h40 iniciamos formalmente, com mais ou menos 25 participantes, número esse que aumenta, como sempre, ao longo do trabalho. Chegamos a ter mais ou menos 60 pessoas ao final do trabalho. A Dir. se apresenta, apresenta sua equipe de Egos-Auxiliares e contextualiza o projeto no Centro Cultural. Mapeia em seguida

---

[12] Sociodrama realizado no Centro Cultural São Paulo, dia 19 de junho 2010, sob a direção de Mariângela Pinto da Fonseca Wechsler, com uma equipe de Egos-Auxiliares: Beatriz Petrilli (*in memoriam*), Juliana Maldonado, Mariana Silveira e Rudolf Wechsler. Este texto foi tematizado a partir do original enviado ao 17o Congresso Brasileiro de Psicodrama *Tempo para o Tempo* (Águas de Lindóia/SP, 2010) como ensaio científico e republicado aqui.

os que estavam presentes pela primeira vez (minoria) e pede para os que conhecem a proposta manifestarem-se, articulando com o projeto moreniano, criador do Psicodrama.

    A Dir. pede para o grupo subir ao palco e faz um aquecimento corporal facilitando o "acordar do corpo", alongando, espreguiçando e, em seguida, solicita que andem e cumprimentem-se... Pede para formarem grupos de três, sem um critério específico, e os Egos-Auxiliares distribuem bexigas amarelas e azuis, afinal é tempo de Copa do Mundo e o futebol atravessa a subjetividade de nosso momento atual. Sugere uma brincadeira com a bola, na qual podem experimentar personagens de um jogo de futebol: atacante, zagueiro e goleiro. Como são esses personagens? O que fazem? O que sentem/pensam? Quais suas finalidades? Em seguida, a Dir. pede para dois grupos de três juntarem-se e experimentarem outros personagens dessa Copa: meio de campo, juiz, técnico. Depois de algum tempo de experimentação a Dir. percebe que o grupo começa a ficar caótico e estrutura melhor a experimentação, pedindo para que todos sentem ao redor da grama do campo de futebol, no cenário imaginário. Solicita, a seguir, que podem se levantar e escolher um personagem para representar que faça parte daquele time. Aparecem os personagens da defesa – o goleiro e zagueiros, os do ataque, os do meio de campo, o juiz, o bandeirinha, o comentarista, o técnico, o torcedor e com a ajuda de seus Egos-Auxiliares inicia um início de um Jogo. O aquecimento já estava sendo vivido por intermédio do jogo dramático desenvolvido já no cenário dramático. A Dir., então, pede para "congelarem" e solicita aos personagens presentes que "falem alto" (no linguajar psicodramático pede um solilóquio). Algumas falas significativas aparecem: *"este juiz é muito autoritário, mandão... goleiro não tem que ficar falando do juiz, pois é ele quem manda e pronto... quero fazer o gol, é isto que importa... vou quebrar este cara, não deixo ele fazer o gol de jeito nenhum..."*

    A Dir. corta a cena e pede para que eles interiorizem a vivência dos personagens desse tempo de Copa do Mundo e que se abram para lembranças de cenas vividas por eles. Deixem se arrebatar por cenas que contem de um tempo de suas próprias existências. Pede para enxergarem a cena, seus personagens, o enredo e seu drama, onde acontece e escolherem qual dos personagens do jogo da Copa que facilitou suas lembranças. Cinco grupos foram formados a partir daí: bola, atacante, goleiro/ defesa, meio-campo/volante, técnico. Assim, a Dir. solicita que os grupos se formem e compartilhem suas histórias singulares, para que em seguida criem uma cena a ser apresentada para todos.

Apresentação das cenas:

1. Atacantes: apresentam uma cena onde o atacante faz um gol, mas seu olhar distante não condiz com a consequente felicidade. A Dir. congela e pergunta o que está acontecendo com o atacante e ele diz que *"está incompleto... que acabou de fazer um gol e que está pensando no próximo..."* Nome da Cena: *impedimento*.

2. Defesa: o grupo monta imagens que a plateia ressoa como medo, prisão, atenção, mas, sobretudo ataque. A melhor maneira de se defender é o ataque. Nome da Cena: *as nuanças da defesa*.

3. Bola (grupo que inicia com uma só pessoa e depois fica com três): a cena continha a ego-auxiliar representando um personagem que ao atravessar o palco, uma metáfora de um lugar a se chegar, **não consegue ter voz**, nem passos assertivos, nem vontade, pois os outros ficam cobrando e manipulando-a, impedindo/ dificultando a sua chegada, por meio de empurrões: falas dos componentes do grupo ao redor dela: *cadê o relatório que você não entregou?* Nome da Cena: *a bola da vez*.

4. Técnico: os personagens Dunga e Maradona conversam. Num primeiro momento da cena Maradona ameaça Dunga em público e num segundo momento, privadamente, eles conversam abrindo o coração. Com cumplicidade no papel de treinador eles falam de seus medos, de suas decisões frente aos convocados etc. Nome da cena: *backstage* (bastidores)

5. Meio de Campo: numa reunião de condomínio, uma conversa entre um morador e o síndico do prédio. O síndico é o mediador entre a decisão do coletivo sobre a reciclagem do lixo e um

morador que se apresenta como "do contra", contra qualquer regra, filho único – o umbigo do mundo – o "lixo humano". A Dir. pede para inverterem os papéis e o personagem morador continua egocêntrico. Nome da Cena: *lixo humano*.

A partir das apresentações das cocriações espontâneas, a Dir. pede para que seus Egos-Auxiliares tomem os papéis dos personagens que emergiram das cenas e solicita que a plateia possa dar depoimentos a eles:

1. Personagem bola foi o protagônico com muitos depoimentos:

    "como é difícil ter que tolerar ser manipulado... quando fui internado, na primeira vez, os psiquiatras me deram choque...na Ditadura quando fizemos homenagem ao Chico Buarque...que dor...diminuíram meu salário"; como é difícil mudar de lugar, este que não tem voz... pois a bola desse jeito gera expectativas, lembrei como é difícil "mudar de time"...; como é difícil distinguir as qualidades da bola – tem que ser macia, ter resiliência, temos que saber o que aceitar e o que não, para continuar redondinha...; eu já vivi este personagem da Bola, hoje eu penso o que eu falo, pois é difícil ficar na posição de Lixo Humano, nunca ninguém olha prá Bola...; todos somos um pouco, mas não tem problema quando a gente tem uma meta...tive paciência e ganhei um setor para coordenar...o difícil é quando eu fico engasgada e saber o que fazer...; às vezes nós que criamos a bola...importante procurar não extremar..."

2. Para o Mediador: *"[...] penso que muitos mediadores são ditadores..."*

3. Para o Atacante: *"[...] como é difícil ter que aceitar a incompletude humana"*

A Dir, então, pede que os Egos-Auxiliares façam uma última cena a partir das ressonâncias dos depoimentos da plateia, apontando que a bola que não tinha voz foi a da vez...

Egos produzem uma cena na qual o personagem bola que tudo precisava fazer para agradar a todos e assim se sentir amado, dá um basta e consegue ter voz, perguntando e respondendo, dizendo sim e não. Foi um momento muito bonito e catártico.

No compartilhar, algumas falas:

> *"[...] importante a bola ter consciência que é importante para o jogo...; foi um alívio quando o personagem Bola colocou um limite na dramatização dos Egos-Auxiliares...o importante é saber mudar...; não tem problema ser Bola quando temos meta ...; eu via o futebol como guerra e a contradição nas confraternizações...pude ver algumas personagens internas minhas e a solução é a ação...; alguém nunca se sentiu Bola...?; vejo muita hipocrisia nas pessoas que perguntam como você está mas que não tem ouvidos para escutar...; o oxigênio da Bola é o remédio psiquiátrico...; 'a defesa armada' é difícil desvencilhar, acaba sendo um ataque, uma reação ...uma armadilha..; como é importante conseguirmos coconstruir caminhos para uma travessia de uma bola mais potente."*

A Dir. fecha o trabalho, agradecendo a todos e compartilhando o quanto esse personagem bola nos habita, com sua impotência, onipotência, buscando ter voz, encontrar caminhos mais humanos, aceitando a incompletude do desejo, e que o trabalho para desconstruí-lo é na direção do reconhecimento dos nossos talentos e limites.

Articulando o campo da Vivência com o campo Teórico-Metodológico: Solilóquio do Diretor:

Como a condução de um trabalho psicodramático (socionômico) requer competência para se pensar em sua estrutura, espontaneidade para não se fixar a ela e experiência para poder arriscar, ousar, acreditando na sabedoria do grupo. Esta é uma reflexão que sempre faço, sobretudo no meu papel de supervisora dos atendimentos grupais no socioeducacional, mas que tomou mais contorno e veracidade a partir das reflexões sobre este trabalho, quando exercito o papel de pesquisador sistemático, escrevendo sobre a prática e vivenciando, desse modo, um *distanciamento reflexivo*, denominado de 2.ª Ordem (WECHSLER, 2007)

No meu papel de Diretora pensei numa estrutura que me ajudou no encaminhamento até o momento dos depoimentos para os personagens que apareceram no contexto dramático. Chamaremos, conforme Falivene Alves (2011) de protagônicos, pois surgiu no próprio contexto dramático e deram visibilidade aos conflitos. No entanto, como a articulação entre métodos e teoria é dinâmica (WECHSLER, 2007), numa perspectiva de *um contínuo acabamento e de inter-retro-ações,* chamá-los-ei, ainda de representantes grupais, deixando a nomenclatura de protagônico somente para o personagem *Bola,* uma vez que foi a partir dos inúmeros depoimentos para ele, que constatamos que o grupo o havia elegido como tal, apesar do número reduzido de participantes do subgrupo que o criou em contexto dramático. A condução deste sociodrama partiu de um aquecimento que falava da subjetividade daquele tempo de copa do mundo, levando os sujeitos para cenas individuais que viraram coletivas no momento da cocriação das cenas dos subgrupos. A Diretora, ao invés de pedir a votação da cena, um princípio sociométrico, pediu depoimentos para os personagens e, a partir da leitura sobre o coinconsciente grupal, deu instruções a seus Egos-Auxiliares para refazer a cena do personagem *Bola,* confiando na *teleespontaneidade* dos seus egos, os quais responderam com uma cena resolutiva que aliviou a tensão grupal, indicando a corresponsabilidade de todos e coautoria pelas suas próprias histórias de vida. Confiança na equipe e confiança no grupo. Se lembrarmos das falas significativas dos personagens que já haviam aparecido no aquecimento específico - o jogo dramático – *"este juiz é muito autoritário, mandão... goleiro não tem que ficar falando do juiz, pois é ele (juiz) quem manda e pronto... quero fazer o gol, é isto que importa"* poderemos refletir que a cena do conflito e a cena resolutiva já se esboçavam nesse momento, pois o autoritarismo tem como complementar a submissão e esse padrão relacional que engendra onipotência e impotência. O resgate da potência só pode acontecer com o reconhecimento da forma e conteúdo de um Papel e do seu Complementar o que deriva da perspectiva individual, em reconhecimento de talentos e limites de si e do outro e, da perspectiva relacional, um reconhecimento do jogo relacional pré-existente.

Como os conteúdos das cenas emergentes se conectam e referendam o personagem *Bola* como protagônico? Se refletirmos sobre os personagens que emergiram nas dramatizações: Atacante impedido de sentir alegria, pois tem um "vazio" que não é preenchível; Defesa que ataca para se defender, engendrando reações ao invés de ações; Meio de Campo, mediador, que precisa convencer, não atualizando sua autoridade interna frente ao "Lixo Humano", umbigo do mundo; Confronto de Técnicos no coletivo e não no privado, mostrando os movimentos da realidade social com seus vínculos visíveis e invisíveis. Quais as conexões que faríamos para referendar o personagem *Bola* como protagônico? Ora, quer seja o atacante impedido quer o defensor reativo, quer o meio de campo sem autoridade interna, quer o lixo humano, todos eles contam de um personagem sem potência, vivendo sem o contorno necessário, continente para os conteúdos internos e externos. O *Personagem Bola* referenda a todos, incluindo-os num só. Podemos refletir que somente a cena que trouxe, num momento privado, a conversa mais cúmplice entre os técnicos engendrava outra trama – uma resolutividade potente: quando conseguimos ser mais humildes, com corações mais abertos, é possível a criação de vínculos mais fraternos e assim nos sentimos pertencendo, sem a decorrente solidão advinda do personagem *Bola*. Neste momento a realidade social mostrou o movimento entre os vínculos invisíveis (*backstage*) e os visíveis, caracterizando as possibilidades de transformação. O que queremos propor, com estas articulações, aponta para um pensar complexo, mas que Moreno já vislumbrava há muito tempo atrás, quando propõe seu modelo de Ser Humano, sua teoria, metodologia e arsenal técnico.

Dessa maneira, acreditamos que a leitura que articula todos os personagens apontando para o protagônico – a *Bola* – nos conta de linhas epistemológicas que embasam a pesquisa socionômica: a

Sistêmica Construtivista/pensamento complexo e o Construtivismo Piagetiano (WECHSLER, 2007). Do que se tratam estas epistemologias? Como já pontuamos nos conceitos agregados, podemos dizer que o pensamento complexo é guiado por uma *auto-eco-organização* (MORIN, 1990) em que está contido a ideia de um sistema se autorecriar (autopoiese), tal qual os sistemas vivos, de acordo com os princípios *dialógico:* os inconciliáveis dialogam numa lógica da complementaridade antagônica; *recursivo:* o fenômeno complexo é simultaneamente produto e produtor de sua existência; *hologramático*: a parte está no todos e o todo está na parte.

Parece-nos claro que a condução de um sociodrama é um fenômeno complexo e podemos compreender que a leitura que articula todos os personagens, apontando para o protagônico – *a Bola* – nos remete ao princípio recursivo, uma vez que cada cena com seu personagem principal como produto do momento é produtora, ao mesmo tempo, da cena protagônica. Assim como a "resolutividade" da *cena dos técnicos* é um produto da cocriação daquele momento (relação fraterna) e produtora da cena final dos egos-auxiliares, visto que essa última engendrou uma nova trama a da potência consigo próprio e com o outro, por intermédio de uma relação onde se pode dizer *sim* e *não*, permitindo à abertura para um acontecimento fraterno.

O princípio dialógico também esteve presente como norteador, atravessando as cenas, uma vez que elas não buscaram uma síntese e sim um reconhecimento e acolhimento dos antagonismos, o que já pode oferecer, por si só, a validação existencial dos participantes. Mesmo a cena "resolutiva" dos técnicos e dos egos-auxiliares mostrou possibilidades de diálogo entre os que antes eram ditos inconciliáveis.

E, por fim, o princípio hologramático pôde ser visível quando pudemos ler que o que fora construído em cena no contexto dramático, quer já no aquecimento, quer pelos personagens representantes grupais e protagônico, dizia da intersubjetividade do contexto grupal e do contexto social, naquele tempo de Copa do Mundo, onde a mídia acaba sendo a *voz*, mesmo que distorcida, para os embates, combates, sofrimentos, violência, alegrias, impotências, onipotências,

potências. Característica da nossa contemporaneidade, mídia e os *fake news*, substituindo a voz do povo. Dessa maneira, a "parte fala do todo" assim como o contexto grupal fala do grupal e do social. Moreno já havia vislumbrado isso no seu tempo de existência, sem precisar do conceito "princípio hologramático" desenvolvido por Morin, no entanto, temos muitos modos de ler Moreno e às vezes, tendemos a esquecer de que a tridimensionalidade dos contextos já nos ampara para lermos sobre as articulações entre os contextos dramático, grupal e social. (NERY; WECHSLER, 2010).

Da perspectiva do recorte epistemológico do construtivismo piagetiano, podemos assinalar que a visibilidade, em cena, da posição do sujeito no personagem bola – sem voz para seus sentimentos, pensamentos e percepções, ocupando o lugar do desejo dos outros sobre ele, acaba sendo metáfora do personagem emergente "lixo humano" que antes havia aparecido, o umbigo do mundo, somente alargando os **conteúdos** para uma mesma **forma** de ser. Aí, a função que o personagem tem na estrutura intra e interpsíquica acaba retroalimentando a mesma organização, ou seja, o *para que* se ocupa esse lugar, o *como* se faz para continuar ocupando esse lugar retroalimenta a mesma forma. No entanto na cena "resolutiva" final, provocando alívio pelo contorno e limites dados pelo personagem bola, a organização se modifica, alargando-se a estrutura, a antiga função perde seu estatuto de retroalimentá-la e a modificação incita uma nova organização. No compartilhar falas que referendam essa nova organização/forma: *"importante a bola ter consciência que é importante para o jogo... não tem problema ser bola quando temos meta..."*. Podemos pensar que é como andar de bicicleta: quando iniciamos o novo exercício é a serviço de solidificar a estrutura em curso, no entanto passado algum tempo, já andamos para passear e saborear o passeio e não mais focamo-nos em vários movimentos que permitem o andar de bicicleta: uma nova função – um novo *como* e *para que* – está em andamento e assim, retroalimenta uma estrutura mais complexa que se diferenciou a partir da antiga. Novas organizações são constituídas, de forma espiralada, novos processo de subjetivação são inaugurados. O que queremos pontuar é que os recortes **estrutural** e funcional são interdependentes para as organizações individuais e sociais e ambos concorrem para a construção do conhecimento que aponta para organizações mais complexas. Se usarmos o mesmo raciocínio da perspectiva socionômica, poderíamos dizer que os recortes sociométricos e sociodinâmicos são interdependentes para as organizações individuais e sociais e que ambos concorrem para organizações mais complexas que podem ou não engendrar a saúde psíquica. Que lugar o psicodramatista-diretor de grupo ocupa no nosso tempo? Será que nos damos conta de tal responsabilidade?

Se, ainda, refletirmos sobre nossa coconstrução da perspectiva da inserção do psicodramatista-pesquisador no campo de pesquisa (WECHSLER, 2007), pode-se dizer que nossa subjetividade estava tão presente quanto à dos participantes e que todos ganharam o estatuto de pesquisador. No entanto nós da equipe de direção, mesmo que também estivéssemos inseridos no caldo da eterna trajetória rumo à potência, tivemos condição de um distanciamento reflexivo para devolvermos ao grupo sua própria demanda e responsabilidade frente a ela.

Como critério de avaliação (WECHSLER, 2007) podemos recortar os efeitos da ação cocriada, por intermédio *da teleespontaneidade* atualizada por todos, conceitos morenianos que nos coloca frente às questões individuais e relacionais, ao mesmo tempo, conectando os aspectos que concorrem para a construção de conhecimento – *intrapsíquico e interpsíquico,* referendando as discussões epistemológicas aqui tecidas, visto que *o intra* se constitui no *inter* e pensamos que esse caldo de intersubjetividades tem a função de, também, facilitar a retroalimentação ou modificação das organizações subjetivas/intersubjetivas.

Em última análise, refletimos que nosso sociodrama que coconstruiu *o tempo de Copa do Mundo e seus sentidos no tempo do grupo* é mais um trabalho entre muitos no Centro Cultural São Paulo e em outros lócus que apontam para o horizonte da utopia moreniana – as transformações sociais.

Algumas Considerações:

Por ora destas considerações, penso que vale ressaltar a articulação entre o *Tempo Chronos*, que desenha a subjetividade marcada pelo relógio, pelos acontecimentos temporais, aí a Copa do Mundo e o *Tempo Kairós*, aquele que marca a construção de sentidos singulares para os atores envolvidos, o tempo dos sentidos.

> Na estrutura temporal da civilização moderna, geralmente se emprega uma só palavra para significar o "tempo". Os gregos antigos tinham duas palavras para o tempo: khronos e kairos. Enquanto o primeiro refere-se ao tempo cronológico, ou seqüencial, o tempo que se mede, esse último é um momento indeterminado no tempo em que algo especial acontece, a experiência do momento oportuno. É usada também em teologia para descrever a forma qualitativa do tempo, o "tempo de Deus", enquanto khronos é de natureza quantitativa, o "tempo dos homens". Na teologia cristã, em síntese pode-se dizer que khronos, é o "tempo humano", é medido em anos, dias, horas e suas divisões. Enquanto o termo kairos, que descreve "o tempo de Deus", não pode ser medido, pois "para o Senhor um dia é como mil anos e mil anos como um dia". (WIKIPEDIA, 2018, s/p).

Sem dúvida os grupos e os sujeitos singulares estão sempre atravessados pelo Tempo denominado *Chronos*, pois vivemos imersos num social, numa cultura, num tempo/espaço físico e subjetivo, com contornos e regras, mas nosso desafio é recolocar o *Tempo Chronos* a serviço do *Tempo Kairos*, reconstruindo seus sentidos e medidas. Acreditamos que nós socionomistas, quer trabalhando num setting psicoterápico quer trabalhando num setting socioeducacional, aqui pareada com a clínica social e ampliada, aceitamos esse desafio e com ele fazemos nosso papel de transformadores sociais, iniciando essa transformação em nós próprios. Afinal, que *Tempo* é esse que nos atravessa e que sempre temos a sensação de sermos devedores? Outro sintoma da contemporaneidade, frente ao fenômeno dos *tempos líquidos,* virtuais e suas vicissitudes. Se Moreno retornasse poderia dizer que as "centelhas divinas", nosso entusiasmo *(en theos – Deus dentro)* pede para serem atualizados... nesse espaço e tempo terrenos! Nosso sociodrama seguiu esse percurso.

21 de setembro de 2013
Dona Chica tem medo do lobo mau?

Ricardo Amaral Rego e Mariângela Pinto da Fonseca Wechsler.

Estavam presentes mais de 60 pessoas.

Aquecimento Inespecífico:
Diretor do contexto grupal: *Ricardo Amaral Rego*

Foi pedido aos participantes que caminhassem pelo local e prestassem atenção às sensações presentes em seu corpo. Que se dessem conta dos sentimentos presentes, de como estavam naquele momento.

Sempre cuidando para ouvirem as consignas como um convite e não uma ordem. Para experimentar, ampliar, possibilidades no decorrer dos exercícios.

Começando com pés e pernas de modo a dar uma base, estrutura, para que eles se "aguentassem sobre as próprias pernas", pudessem se sustentar. Descobrir maneiras de contrapor-se à força da gravidade com leveza.

Foi pedido que experienciassem variações da forma de andar: rápido, lento, mole, duro, pisar com ponta/calcanhar/lados, pisar mamando energia, pisar descarregando, andar de passarela, andar de soldado, andar com medo, andar de criança, andar desconfiado, andar sensual, andar com prazer, andar diferente, andar de lado, andar de costas. Deixar as pernas levarem.

Bater pernas como numa birra. Deixar a pelve mexer-se prazerosamente.

Após essa fase, passamos à percepção do tronco: peito e barriga. Como está a respiração, o que é possível fazer para respirar melhor e mais profundo. Como é a respiração? Respirar prazerosamente, experimentar respirações.

Qual é a sua postura aqui e agora? Perceber o que o tronco e os braços querem fazer, deixar-se levar pelos movimentos espontâneos que surgem. Perceber como se sente ao variar entre estar com o peito aberto ou de braços cruzados.

Exercício do coração: em duplas, frente a frente, desenhar um coração amplo com as pontas dos dedos, terminando por dirigir as mãos para a outra pessoa, como que dando algo de si nesse movimento.

Por fim, foi explorada a percepção da cabeça e pescoço.

Olhos: seja aquele que vê, não o que é visto. Arregalar olhos. Andar de olhos fechados. Em duplas: abertura e fechamento do olhar.

Boca: dizer o nome próprio. Dizer não, experimentar várias formas e tons ao dizer o não. Deixar que esse *não* venha de dentro e não seja apenas dito de forma mecânica. Falar de uma qualidade sua. Expressar a dor dizendo "ai". Experimentar a possibilidade de gemer e/ou gritar. Destravar as tensões na mandíbula, face e pescoço.

Aquecimento específico: *atirei o pau no gato*

Em roda, convidamos os participantes a cantarem a canção infantil *Atirei o pau no gato*. Em seguida, cada pessoa recebeu um impresso no qual constavam as seguintes perguntas:

1. *Quem atirou o pau? (sexo, idade)*
2. *Porque atirou o pau?*

3. Aonde acontece a cena em que o pau é atirado no gato?

4. Como era o pau que foi atirado? (tipo, tamanho, características)

5. O gato foi atingido? Se sim, o que houve? (dor, susto, lesão etc.)

6. Quem é a Dona Chica? (idade, ligação com a pessoa que atira o pau, profissão)

7. O que D. Chica estava fazendo no local da cena?

8. Como foi o berro do gato? (susto, raiva, medo, dor, alegria, instintivo, outro)

9. Porque D. Chica admirou-se do grito?

10. O que aconteceu com a pessoa que atirou, com D. Chica e com o gato depois da cena descrita?

Pediu-se então aos participantes que respondessem às questões segundo o que viesse espontaneamente à imaginação.

Em seguida, constituíram-se cinco grupos e cada um teve como tarefa conversar sobre as diversas versões para a cena descrita pela música. A partir disso cada grupo deveria montar uma cena que representasse a cena do "atirei o pau no gato" e depois apresentá-la aos demais participantes.

Diretor do contexto dramático:
Mariângela Pinto da Fonseca Wechsler:

As cenas foram:

1. *A bolha.* Em seguida a apresentação o Dir. pede ao grupo para renomear segundo os sentimentos presentes: *O Estouro da Bolha;*

2. *Eva Maldita.* Renomeado: *Eva maldita bendita;*

3. *Gato legal não faz mal.* O mesmo nome;

4. *A dor da gata na família.* Renomeado: *A dor da gata na família quando o filho assume o controle;*

5. *Quem tem medo do lobo mau.* Renomeado: *Ninguém tem medo do lobo mau.*

O Diretor pediu ao grupo todo para escolherem a cena que mais se identificaram naquele momento. A Cena escolhida foi **Ninguém tem medo do lobo mau.**

O Diretor então pontuou que daquele momento em diante a cena escolhida pertenceria ao grupo todo, podendo ser modificada a cada momento. Coconstruímos um Teatro Espontâneo, disparado pelos personagens criados pelos participantes do subgrupo escolhido.

O cenário foi uma escola onde o personagem lobo mau era um bedel repressor que não deixava nem as crianças, nem os adolescentes brincarem no pátio. Existiam crianças e adolescentes que queriam somente brincar com o gato, personagem que representava o prazer da diversão e autonomia, mas o bedel não deixava e maltratava o gato. No entanto apareceram outros adolescentes que atravessavam as regras de convivência, atrapalhando e fumando maconha referendando a repressão do bedel. A Diretora da escola deixava a escola na mão do bedel não se responsabilizando e o personagem Dona Chica, a merendeira, via tudo e continuava a fazer a merenda. Em cena, o drama esboçado entre o personagem Lobo Mau (bedel) repressor e as crianças e adolescentes foram vividos até o momento que uma nova Diretora da escola surgiu e ao se responsabilizar pela trama desenhada na escola, escutar as crianças, adolescentes e tira o poder do Bedel repressor.

No final a Diretora de cena perguntou à plateia: *"Vocês tem fome de quê?"*, replicando a música da banda Titãs e o alimento cozido pelas merendeiras (Dona Chica) foram sendo nomeados por todos: o que mais chamou atenção, aglutinando, em cena, os vários alimentos foi uma réplica do exercício do aquecimento: um coração desenhado com as mãos e doado pelas pontas dos dedos.

No compartilhar, entre depoimentos de si, algumas falas fizeram um paralelo com o contexto social brasileiro:

"Quando dançamos Geraldo Vandré em 1982, na missa do Vanuchi, efeito da repressão, o medo do lobo mau quase desapareceu..."

"Celso Mello no Supremo Tribunal Federal dá uma aula para o Brasil e o povo brasileiro fica só ouvindo o discurso, como a Dona Chica, não entendendo nada... o povo brasileiro fica mudo e poucos criticam."

"Liberdade Brasil, vontade de quebrar as vitrines, só no Psicodrama é possível..."

A diretora fecha os trabalhos afirmando: *"não queremos viver como um gato que apanha, existem outras possibilidades... mas para tal precisamos nos corresponsabilizar como a Diretora da escola da nossa cena de hoje".*

Tecendo algumas considerações:

Podemos afirmar a riqueza dessa codireção na qual os pensadores da Biodinâmica (Ricardo Amaral Rego) e do Psicodrama (Mariângela Pinto da Fonseca Wechsler) se corresponsabilizaram, junto aos participantes do Centro Cultural, pela produção alcançada, desenhando em contexto social a mesma corresponsabilidade da diretora da escola em contexto dramático. As conexões entre contexto dramático e social estiveram presentes, uma intersubjetividade criativa e ética que persegue a utopia moreniana.

Pensamos que nosso tema protagônico apontou para um lócus de aprendizagens (escola) no qual o paradigma é norteado pelos saberes advindo da relação interpessoal, garantindo uma "escuta" do sujeito que leva em conta suas necessidades biológicas, sociais, afetivas e cognitivas, apontando para um sujeito ativo no processo. Não mais um paradigma marcado pelo poder daquele que pretensamente tem o conhecimento a priori. Dessa maneira, somente nesse lócus fértil poderá existir cooperação, da perspectiva interpessoal e integração entre os deveres e prazeres, da perspectiva intrapsíquica, o que pode desenhar ações corresponsáveis! Um novo processo de subjetivação instaurado.

Pensamos, ainda, que assim como a personagem Dona Chica do Teatro Espontâneo aqui apresentado que tocava o barco sem poder transformar, tudo via, mas nada enxergava, quer pela questão que não tinha o poder, mas, sobretudo, pela não implicação, vê-se hoje em 2019, muitas Donas Chicas, fenômeno contemporâneo brasileiro e mundial. Ora, se ser contemporâneo é poder dar luz às trevas do presente, conforme Agamben (2009 *apud* WECHLSER; MONTEIRO, 2016) nos diz, é preciso que a luz não cegue, mas que o foco possa ser enxergado. Para tal, necessita-se que uma nova ordem possa acontecer, longe das desigualdades marcadas pela tendência capitalista que faz com que cada um somente pense no seu umbigo, uma descentração almejada por todos nós que sonhamos com a utopia que desenha linhas em direção às transformações sociais e individuais, ao mesmo tempo. No entanto, sabemos que essas transformações precisam iniciar em nós próprios (WECHSLER, 2007). Hoje sabemos que outros coletivos também estão ocupando espaços públicos, transformando as ruas em atendimentos para as pessoas, caso do "Coletivo Psicanálise" na Roosevelt, desdobramentos da mesma política que embasa nossos Psicodramas Públicos no Centro Cultural São Paulo: *uma ética da polis, da solidariedade*. Neste momento nos reportaremos a Agamben (2009, p. 92, grifos nossos):

> [...] a amizade é a **condivisão** que precede toda divisão, porque aquilo que há para repartir é o próprio fato de existir, a própria vida. E é essa partilha sem objeto, esse **com-sentir** originário que constitui a política.

Reflexões a partir das práticas apresentadas:

Acreditamos que expor as práticas da clínica privada e da clinica social, ampliada e pública nos convoca a pensar quais as semelhanças e diferenças entre um psicoterapeuta-psicodramatista de consultório e um que dirige psicodramas públicos? Elas existem? Do nosso ponto de vista, embora cada uma tenha suas especificidades no que tange a escolha e manejo dos métodos, ao contrato com o "cliente" e as experiências do diretor-pesquisador, as quais precisam ser de um âmbito sólido de formação acadêmica, nosso propósito foi de dar visibilidade para o que elas têm em comum: a epistemologia que as fundamenta e o personagem cidadão que precisa habitar em cada um de nós, no sentido político do termo, ou seja, aquele que pode contribuir na "travessia de cura" *com* e *para* aqueles que buscam tecer junto, para em ocasiões de sofrimento, serem atores e autores de seus próprios caminhos. Afinal, os sofrimentos não são da ordem somente do individual e sim, também, efeitos de processos de subjetivação que atravessam os sujeitos, quer na clínica privada, quer na clínica social, ampliada e pública.

Foi o que constatamos quando apresentamos os dois casos clínicos de crianças, pois, embora o sofrimento se expresse na criança, na medida em que ela sai da direção sábia e imanente que o desenvolvimento propõe por viver uma organização singular, é também sintoma e efeito da estrutura familiar com sua sociodinâmica e sociometria e suas inter-relações, a qual vai organizando os modos e processos de subjetivação de tal maneira que desencadeia um *metapadr*ão aprisionante, embotando a espontaneidade e dificultando o fluir entre os campos imaginário e simbólico, entre Fantasia e Realidade, o que compromete a saúde psíquica. Ao mesmo tempo em que a organização singular da criança como sintoma retroalimenta a estrutura familiar, aprisionando os elementos do sistema e suas inter-relações num equilíbrio sofrível, dificultando uma transformação espontânea que aponte para novos equilíbrios mais potentes. No primeiro caso, a criança com 6 anos ainda fazia cocô na fralda: do ponto de vista intrapsíquico, o sofrimento do abandono, a impossibilidade de controlar sua existência, na depressão materna; do ponto de vista interpsíquico, a negação da autoridade materna e paterna, visto que o controle das fezes impunha uma regra de submissão materna e a paternagem ficava ausente, facilitando a não emergência do sentimento de abandono; do ponto de vista do Sistema familiar, as inter-retro-ações, por feedback negativo, pela repetição da sociodinâmica e sociometria familiar, desenhava o metapadrão/personagem protagônico – controle e disputa – entre os pais, mostrando a organização disfuncional do sistema em relação as funções materna e paterna, e como metáfora o aparecimento do sintoma na criança: controle pelas fezes e disputa desmedida, não aguentando perder nos jogos com colegas, pais e psicoterapeuta.

Do mesmo modo podemos citar o caso 2, no qual a agressividade desmedida da criança anunciava não somente o abandono da mãe biológica, mas, sobretudo, a ausência da função paterna adotiva, dificultando a criança poder sair de uma grande simbiose com a mãe adotiva, uma vez que somente ela quis a adoção. Do ponto de vista intrapsíquico, um sentimento de abandono imenso aparecia como agressividade desmedida; do ponto de vista interpsíquico, a ausência da função paterna e a complementaridade patológica entre criança e mãe para não sentir o abandono; do ponto de vista do sistema familiar, as inter-retro-ações por feedbacks negativos, repetindo a sociodinâmica e sociometria familiar: irmã mais velha mais uma mãe, irmão mais velho o pai, o pai ausente e a mãe escrava, sem a vivência de um casal que ao ser cúmplices da perspectiva da educação dos filhos podem viver as dores com acolhimento e colocar os limites necessários nos elementos da família constituída.

Essas famílias existem dentro de uma sociedade contemporânea que, embora ainda busquem a família como referência, a eficiência no trabalho, sobretudo para as mulheres, é o ponto que conta e somente iniciam as reflexões do caminho trilhado quando existe o adoecimento de algum membro familiar. Estamos falando aqui do papel da mulher na contemporaneidade: melhor não sermos mais "mulheres maravilhas" e sim potentes nos papéis que vivemos e nos são caros.

Nas sessões de psicodrama público o que pudemos constatar foi necessidade de se ter *voz* e um lócus de aprendizagens sem o domínio da figura autoritária, que possa dar voz aos alunos, ao povo. Não muito diferente do que acontece hoje no contexto social, deixando visível que a porosidade entre os contextos (dramático, grupal e social) de trabalhos públicos é maior que na clínica privada, pois o papel coletivo ao ser o foco dos sociopsicodramas traz consigo as mazelas sociais que dificultam a potência dos diversos papéis, sobretudo o papel de cidadão.

Entendemos que tanto a clínica privada quanto a clínica social, ampliada e pública possa ter os mesmos propósitos: uma escuta para propiciar voz, cocriar caminhos potentes em busca de sonhos que possam ter livre trânsito entre a fantasia e a realidade, sujeitos ativos que lutem para buscar seu lugar no mundo, aprendendo com as experiências dolorosas e buscando as alegrias. Afinal, ambas poderiam ser consideradas dispositivos políticos no sentido de dispararem aprendizagens, quiçá cidadãs?

O que seria, então, um dispositivo?

Retomaremos este conceito buscando um texto já publicado em outro lugar

Wechsler (2014) cita Agamben (2009)

> " Segundo Agamben (2009, pg 35), as singularidades – os sujeitos – se precipitam na relação entre os seres viventes (substâncias) e os dispositivos. Estes últimos são, para ele, semeados pelo pensamento foucaultiano, "um conjunto de práticas e mecanismos, linguísticos e não linguísticos, jurídicos, técnicos e militares, que tem o objetivo de fazer frente a uma urgência e de obter um efeito mais ou menos imediato" (p. 84)

Wechsler (2014) ainda continua:

> "...Desta forma, ilumina a compreensão do termo latino *dispositio* a partir da genealogia teológica – nos primeiros séculos da história da igreja, o termo grego

> *oikonomia* desempenhou na teologia uma função decisiva. *Oikonomia* significa, em grego, a administração do *oikos*, da casa, o conjunto de regras que orientam esta administração, gestão. Assim, se funda o logos teológico, onde Deus é uno quanto ao seu Ser e à sua substância, mas é tríplice (santíssima trindade) quanto à sua *oikonomia*, ou seja, ao modo como administra sua casa, sua vida e o mundo que criou. Dessa maneira, se instaura a distinção entre um discurso ou logos teológico e um logos da "economia divina", e a *oikonomia* torna-se assim o dispositivo mediante o qual o dogma trinitário e a ideia de um governo divino providencial do mundo foram introduzidos na fé cristã (pg. 37), desenhando a cesura que separa em Deus ser e ação, ontologia e práxis. A criação da igreja do Deus no céu e Deus na terra, aquele que tudo vê, controla e pune (vigiar e punir)". (p. 84)

E nos trás Agamben, novamente:

> Agamben (2009, p 37-38) finaliza dizendo: A ação (a economia, mas também a política) não tem nenhum fundamento no ser: esta esquizofrenia que a doutrina teológica da *oikonomia* deixa como herança à cultura ocidental [...] (p. 84)

> [...] os dispositivos... podem ser de alguma maneira reconduzidos à fratura que divide e, ao mesmo tempo, articula em Deus ser e práxis, a natureza ou essência e a operação por meio da qual ele administra e governa o mundo das criaturas. O termo dispositivo nomeia aquilo em que e por meio do qual se realiza uma pura atividade de governo sem nenhum fundamento no ser. **Por isso os dispositivos devem sempre implicar num processo de subjetivação, isto é, devem produzir o seu sujeito.** (p. 84, grifo nosso)

Nesse sentido, ser psicodramatista na clínica privada ou na clínica social, ampliada e pública não diminui a nossa corresponsabilidade frente aos posicionamentos que temos e os métodos e leituras que escolhemos. São sujeitos que estão conosco a partir de seus sofrimentos.

Vamos recorrer, uma vez mais à autora Wechsler (2014) que nos referenda aqui:

> Nossos psicodramas públicos têm uma grande responsabilidade quanto à produção de modos de subjetivação, ou seja, de saberes e poderes veiculados pelos dispositivos. Como sair da armadilha sem cair na ingenuidade fundada quer na possibilidade de destruição dos dispositivos, quer na ideia de usá-los de modo correto?
>
> Para Agamben (2009), a estratégia a ser usada no "corpo a corpo" trata de liberar o que foi capturado e separado por meio dos dispositivos e restituí-lo a um possível uso comum – a profanação:
>
> Se consagrar (*sacrare*) era o termo que designava a saída das coisas da esfera do direito humano, profanar significava, ao contrário, restituir ao livre uso dos homens... O dispositivo que realiza e regula a separação é o sacrifício... a profanação é o contra-dispositivo que restitui ao uso comum aquilo que o sacrifício tinha separado e dividido. (p 84-85)

A autora ainda persistindo no pensamento de Agamben (2007, p. 67), nos auxilia a pensar quando diz:

> Acrescenta que o jogo, tão caro a nós psicodramatistas, por estar estreitamente vinculado à esfera do sagrado, pode permitir esta passagem do sagrado ao profano:
>
> O jogo não só provém da esfera do sagrado, mas também, de algum modo, representa a sua inversão. *A potência do ato sagrado(...)*reside na conjunção do mito que narra a história com o rito que a reproduz e a põe em cena. O jogo quebra essa unidade: como *ludus*, ou jogo de ação, faz desaparecer o mito e conserva o rito; como *jocus*, ou jogo de palavras, ele cancela o rito e deixa sobreviver o mito. Se o sagrado pode ser definido através da unidade consubstancial entre mito e rito, poderíamos dizer que há jogo quando apenas metade da operação sagrada

é realizada, traduzindo só o mito em palavras e só o rito em ações. Isso significa que o jogo libera e desvia a humanidade da esfera do sagrado. (WECHSLER, 2014, p.85)

Assim, poderemos continuar refletindo que tanto na clínica privada, a partir dos dois casos clínicos explicitados, com seus manejos singulares, quanto na clínica social, ampliada e pública, a partir das duas sessões sociodramáticas, a primeira utilizando-se do princípio da retramatização, no qual existem depoimentos para os personagens e a segunda valendo-se do Teatro Espontâneo, enquanto método foi trabalhado com o jogo no sentido de *ludus*, *jogo de ação*. Ora, essa operação facilita o desaparecimento do *mito* e conserva *o rito*, o que enfatizaríamos que disparou novos processos de subjetivação, permitindo novos equilíbrios dos sistemas intrapsíquico e interpsíquico. Novamente, quer na clínica privada, quer na social, aqui nomeadas também como ampliada e pública, pudemos ter os mesmos propósitos. Quais? Ao vivenciarmos os métodos socionômicos com tal subjetividade do diretor facilitamos o surgimento de ações espontâneas, criativas, que ao "brincar" – aqui o termo brincar está sendo usado no seu sentido mais caro, aquele que propõe novos ritos - dispara novas possibilidades, novas organizações intra e interpsíquicas, cunhando pontes entre os campos imaginário e simbólico.

Estamos enfatizando quanto os métodos socionômicos com essa visada epistemológica podem auxiliar nas ressignificações dos conteúdos que habitam os papéis que traduzem sofrimentos do sujeito, quer na clínica privada, quer na clínica social, ampliada e pública.

A possibilidade de articularmos *Ser e Ação, ontologia e práxis* é expressão da imanência que a própria vida carrega, quando não comandada pelos dispositivos que nos cegam e embotam nossa espontaneidade criadora. No sentido de promover *equilíbrios e desequilíbrios* que podem indicar movimento rumo ao que temos de mais sagrado – a possibilidade de atualizarmos nosso potencial de *ser humano, Homo sapiens*, a possibilidade de inversão de papel com o outro, da cooperação, da descentração do pensamento e da construção do papel de cidadão, responsável pelos caminhos escolhidos e corresponsável pela construção da *polis*. Será que damos conta? Sobretudo de articular as experimentações com o diferente que nos habita e aquele que existe fora de nós? Acreditamos que nosso momento histórico, brasileiro e mundial, nas suas múltiplas facetas, sobretudo aquela quando nos referimos à questão do fenômeno migração articulado aos processos de subjetivação, marcado pelo modo capitalista de existir, pede esse desafio. No entanto, seria outro texto...

Afirmamos que se esse trabalho de rearticulação entre *ser e ação* não iniciar em nós próprios não seremos capazes de ao estarmos mergulhados no coinconsciente grupal, termos o distanciamento reflexivo suficiente para *dar luz* ao que nos aprisiona na contemporaneidade, mesmo tendo consciência que nunca alcançaremos o *espectrum* total.

REFERÊNCIAS

PARTE I:

DOLLE, Jean Marie. 1974. *Para compreender Jean Piaget*. Rio de Janeiro: Zahar. 1983.

FAVA, STELA. "Os Conceitos de Espontaneidade e Tele na Educação". *In*: PUTTINI, E. F.; LIMA, L. M. S. (org.). Ações Educativas: vivências com psicodrama na prática pedagógica. São Paulo: Ágora, 1997.

FONSECA FILHO. J. S. *Psicodrama da loucura* – correlações entre Buber e Moreno. São Paulo: Ágora, 1980.

FURTH, Hans G. [1969]. *Piaget e o conhecimento*. Rio de Janeiro: Forense-Universitária, 1974.

GARRIDO, Martin. E. [1978]. *J. L. Moreno:* psicologia do encontro. São Paulo: Duas Cidades, 1984.

GONCALVES, C. S.; WOLFF, J. R.; ALMEIDA. W. C. **Lições de psicodrama –Introdução ao pensamento de J. L. Moreno**. São Paulo: Agora. 1988.

INHELDER, B.; PIAGET. J. [1955]. **Da lógica da criança à lógica do adolescente**. São Paulo: Pioneira. 1976.

MACEDO. Lino de. *Aprendizagem da criança pré-escolar* – A perspectiva de Piaget. Ideias/Fundação para o Desenvolvimento da Educação n. 2, p. 47-51. São Paulo: F.D.E., 1988.

MORENO. J. L. [1959]. *Psicoterapia de grupo e psicodrama*. São Paulo: Mestre Jou, 1974.

MORENO, J. L. [1923]. *O teatro da espontaneidade*. São Paulo: Summus, 1984.

MORENO. J. L. [1959/60]. *Fundamentos do Psicodrama*. São Paulo: Summus. 1983.

MORENO. J. L. [1946]. *Psicodrama*. São Paulo: Cultrix, 1984.

NAFFAT NETO. A. N. *Psicodrama* – descolonizando o imaginário. São Paulo: Brasiliense, 1979.

PIAGET, J. [1924]. **Raciocínio** *na criança*. São Paulo: Record, 1967.

PIAGET, J. [1936]. *Nascimento da* **inteligência** *na criança*. Rio de Janeiro: Zahar, 1975.

PIAGET, J. *El nascimiento de la inteligencia/Psicologia y filosofia*. Argentina: Ediciones Calden, 1976.

PIAGET, J.; INHELDER, B. [1966]. *A Psicologia da criança*. São Paulo: Difel, 1985.

PARTE II:

ALMEIDA, W. C. *Psicoterapia Aberta*- Formas de Encontro. 1. ed. São Paulo: Ágora, 1988.

AGAMBEN, Giorgio. *O que é contemporâneo?* E outros ensaios. Chapecó: Argos, 2009.

AGAMBEN, Giorgio. *Profanações*. São Paulo: Boitempo, 2007.

ANDERSEN, Tom. *El Equipo reflexiva* – Diálogos y diálogos sobre diálogos. Gedisa, 1994.

BARBIER, René. *A Pesquisa-Ação*. Brasília: Plano, 2000.

BATESON, Gregory. *Mente e Natureza* – A Unidade Necessária. Rio de Janeiro: Francisco Alves, 1986.

BION, W. R. [1967]. *Estudos Psicanalíticos Revisados* (Second thoughts). Rio de Janeiro: Imago, 1994.

BION, W. R. [1962]. *Os Elementos da Psicanálise*. Rio de Janeiro: Zahar, 1966.

CAPRA, Fritijof. *O Ponto de Mutação*. São Paulo: Cultrix, 1982.

CONTRO, L. *Grupos de apoio ao processo de trabalho em saúde*: articulações teórico-práticas entre Psicodrama e Análise Institucional. Campinas: [s.n.], 2009.

DELEUZE, G.. *Espinosa: filosofia prática*. São Paulo: Escuta, 2002.

FALIVENE ALVES, LUIS. Sentimentos no Psicodrama. *Revista Brasileira de Psicodrama*, v. 19, n. 1, São Paulo, 2011

GRANDESSO, Marilene A. *Sobre a Reconstrução do Significado*. São Paulo: Casa do Psicólogo, 2000.

KAIRÓS. *In*: WIKIPÉDIA, a enciclopédia livre. Flórida: Wikimedia Foundation, 2018. Disponível em: https://pt.wikipedia.org/w/index.php?title=Kair%C3%B3s&oldid=53122190. Acesso em: dez. 2018.

KNOBEL, Anna Maria. Coconsciente e coinconsciente em Psicodrama. *Revista Brasileira de Psicodrama*, São Paulo, v. 19, n. 2, p. 139-152, 2011.

KNOBEL, A. M. Coinconsciente – para além do tempo e do espaço. *Revista Brasileira de Psicodrama*, Jun 2016, v.24, n.1, p.16-23. ISSN 0104-5393

KNOBEL, A. M.; FALIVENE, L. Estratégias de direção grupal e identificação do agente protagônico nos grupos socioeducativos. *In*: MARRA, M. M.; FLEURY, H. J. (org.). *Grupos:* Intervenção socioeducativa e método sociopsicodramático. São Paulo: Ágora, 2008. p. 69-92.

LUCCHESI RAMACCIOTTI, B. M. Deleuse: Espinosa e a filosofia prática. *In:* CARVALHO, M.; FIUEIREDO (org.). V. *Filosofia Contemporânea:* Deleuse, Guattari e Foucault. São Paulo: ANPOF, 2013

LUCCHESI RAMACCIOTTI, B. M. Espinosa e Nietzsche: Conhecimento como afeto ou paixão mais potente? *Cadernos Espinosanos*, São Paulo, n.31, p.57-80, jul-dez 2014.

MATURANA, Romesin, H. *Da Biologia à Psicologia*. Porto Alegre: Artes Médicas, 1998.

MORENO, Z.T; BLOMKVIST,L.D.; RÜTZEL,T. *A Realidade Suplementar e a Arte de Curar.* São Paulo, Ágora, 2001

MORENO, Jacob L. [1934]. *Fundamentos de la sociometria.* Buenos Aires: Paidós, 1972.

MORENO, Jacob L. *Quem sobreviverá?* Fundamentos da Sociometria, Psicoterapia de grupo e sociodrama. Edição do Estudante. São Paulo: Daimon, 2008. Tradução Moysés Aguiar

MORIN, Edgar. *Ciência com Consciência.* Portugal: Publicações Europa-América, LDA, 1990.

MORIN, Edgar. Abertura. *In*: CASTRO, G.; CARVALHO, E. A.; ALMEIDA, M. C. (org.). *Ensaios de Complexidade.* 4. ed. Porto Alegre: Sulina, 2006.

MORIN, Edgar. Por uma Reforma do Pensamento. *In*: PENA-VEJA; NASCIMENTO (org.). *O Pensar Complexo, Edgar Morin e a crise da modernidade.* Rio de Janeiro: Garamond, 1999.

NERY, M. da P. *Vínculo e Afetividade:* caminho das relações humanas. São Paulo: Ágora, 2003

NERY, M da P.; WECHSLER, M. P. da F. Análise de Sociodrama para Pesquisas – uma proposta. *Revista Brasileira de Psicodrama*, v. 18, n. 1, p. 89-102, 2010.

NICHOLS, Michael P.; SCHWARTZ, Richard C. *Terapia Familiar* – Conceitos e Métodos. Porto Alegre: Artmed, 1998.

NIETZSCHE, F. *Ecce Homo* - Como alguém se torna o que é. São Paulo: Companhia das Letras, 2011

PALAZZOLI, Mara Selvini *et al. Os Jogos Psicóticos na Família.* São Paulo: Summus, 1998.

PERAZZO, S. *O Forro do Avesso.* São Paulo: Ágora, 2010.

PIAGET, Jean. *Recherches Sur L'abstraction Réfléchissante* – L'abstraction dês relations lógico-arithmétiques et L'abstraction de l'ordre des relations spatiales. Paris: Presses Universitaires de France, 1977.

SCHWARTZ, Richard et al. *Metaconceitos* – Transcendendo os modelos de terapia familiar. Porto Alegre: Artmed, 2000.

SEIXAS, Maria Rita D'Angelo. **Sociodrama Familiar Sistêmico.** São Paulo: Aleph, 1992.

SPINOSA, Benedictus de. Ética. Tradução de Tomaz Tadeu, 3. ed. Belo Horizonte: Autêntica, 2010.

TOOM, Karl. *Family Process* – Entrevistamento Interventivo: Parte III. Pretendendo fazer questões lineares, circulares, estratégicas ou reflexivas? 1988 - Wiley Online Library

VEER, René V.; VALSINER, Jaan. *Vigotsky uma síntese*. São Paulo: Edições Loyola, 1996.

WECHSLER, MARIÂNGELA P. da FONSECA. *Relações entre Afetividade e Cognição* – de Moreno a Piaget. São Paulo: Annablume; Fapesp, 1998.

WECHSLER, MARIÂNGELA P. da FONSECA. *Psicodrama e Construtivismo:* uma leitura psicopedagógica. São Paulo: Annablume: Fapesp, 1999.

WECHSLER, MARIÂNGELA P. da FONSECA. Pesquisa e Psicodrama. *Revista Brasileira de Psicodrama*, v. 15, n. 2, p. 71-78, 2007.

WECHSLER, MARIÂNGELA P. da FONSECA. Da des-construção à reconstrução de sentidos e funções: recortes do processo de terapia familiar numa família com paciente identificado com funcionamento psicótico. *In*: Congresso Brasileiro de Psicodrama, 2006, São Paulo. – **ANAIS** [...] Resumo da Monografia apresentada a Universidade Federal de São Paulo (Unifesp) como finalização de créditos para o título de especialista em Terapia Familiar em Hospital, 2004, 30p.

WECHSLER, MARIÂNGELA P. da FONSECA. Os três registros lacanianos (real, imaginário e simbólico) e a clínica psicodramática. *In*: SALTINI, C., FLORES, H.G. (org.). *Lacaneando – ideias, sensações e sentidos nos seminários de Lacan*. Rio de Janeiro: Walk Editora, 2010.

WECHSLER, MARIÂNGELA P. da FONSECA. Preço ou/e Apreço: Jornal Vivo como dispositivo ou contradispositivo? *In*: WECHSLER, M. P. da F.; MONTEIRO, R. F. (org.) **Psicodrama em Espaços Públicos:** *práticas e reflexões*. São Paulo: Ágora, 2014.

WECHSLER, M. P. da F.; SANTOS, T. ALTENFELDER, M, SILVEIRA, M. Das intervenções clínicas às psicossociais. **Revista Brasileira de Psicodrama**, v. 22, n.2. versão on-line ISSN 2318-0498, São Paulo, 2014,

WECHSLER, M. P. da F.; MONTEIRO, R. F. **Psicodrama Público na contemporaneidade:** Cenários Brasileiros e Mundiais. São Paulo: Ágora, 2016.

WECHSLER, M. P. da F. Criação e Metodologia no Psicodrama. *In*: GOTTILIEB, L.; PERAZZO, S.(org.). **Psicodrama e Criação**. São Paulo: Ágora, 2016.

WECHSLER, M. P. da F. Pesquisa Qualitativa em Psicodrama: Leituras sobre as práticas do Projeto Psicodrama Público no Centro Cultural São Paulo. *In*: BICUDO, M.A,V. e COSTA, A. P. (org.). **Leituras em pesquisa qualitativa**. São Paulo: Editora Livraria da Física, 2019

ÍNDICE REMISSIVO

0 - 1

1.ª Cibernética, 150, 151
2.ª Cibernética, 151

A

ação, 97, 206
   efetuada, 78
acomodação, 32
adaptação, 32, 75
   biológica, 75
agrupamentos, 95
analogia, 116, 118, 126
animismo, 90
aquecimento, 45
aqui e agora, 40
área, 65, 66, 149
arranjo singular, 152
artificialismo, 90
aspectos, 42
assimilação, 32
atividades grupais, 135
átomo social, 156
atos pré-inteligentes, 116
auto-organização, 146
autorregulações, 79
autorrenovação, 146
autotranscendência, 146

C

campos
   imaginário, 163
   simbólico, 163
categoria
   da substância, 48
   dos catalisadores, 48
causalidade, 82
classoide, 156
clínica
   ampliada, 182, 183, 203
   privada, 203
   pública, 182, 184, 203
   social, 182, 183, 203
coconsciente, 161
coinconsciente, 161
combinatória geral, 101
compartir, 164
complexus, 153
componentes, 152
   constitutivos, 152
compreender, 134

conceito, 40, 44
conexões, 163
conhecimento, 31
construcionismo, 155
construtivismo, 152, 155
contemporaneidade, 202
contextos, 161
continuum, 62
coordenações gerais da ação, 98
corpo, 65
corresponsabilidade social, 105
crescimento orgânico, 78
criança, 41, 42
criatividade, 47, 48, 157

D

descentração, 98, 128, 135
   afetiva, 97, 127
   cognitiva, 97
   da ação, 126
   do fator tele, 126
   do pensamento, 126
   social, 97
desenho, 91
desenvolvimento mental, 78
diferenciação, 88, 118
discernimento, 134
disfunção, 152
dispositivos políticos, 203
distanciamento reflexivo, 207
durée, 31

E

ecológico, 146
educação, 138
educativa, 133
egocentrismo, 128
elan vital, 32
embriões, 66
episteme, 61
equilibração majorante, 78
equilíbrio, 32, 99
   estável, 119
equipe reflexiva, 154
espaço, 82
espiral, 126
espontaneidade, 32, 44, 48, 157
esquema
   de conservação, 94
   do desenvolvimento humano, 67
estabilidade dinâmica, 147
estágio transicional, 150
estreita conexão, 153
estrutura, 126, 152
   sociométrica, 156
eu
   parcial, 66
   total, 35, 65
exercício
exercício, 78
   dos reflexos, 82
existência, 164

experiência adquirida, 78
explicação biológica, 31
externalização, 154

F

fantasia, 57, 134
fase, 123
   ecológica, 150
   essencialista, 150
fator
   "e", 45
   tele, 116, 118
filosofia do momento, 34, 39
foco, 46
Fonseca, 67
forças sociais, 45
forma, 48, 75
formação da personalidade, 103
formas complementares, 101
função simbólica, 87

G

genes, 45
grupo objetivo de deslocamento, 85

H

hereditariedade, 45
holístico, 146
homeostase, 147

I

I.N.R.C, 101
ideais, 103
ideia, 123
identidade, 119, 121
   psicossocial, 34
   socioafetiva-cognitiva, 35
imagem mental, 91
imaginários, 35
imanência do processo, 141
imitação diferida, 91
indiferenciação, 54
indivíduo, 34
iniciar em nós próprios, 207
integração, 66
inteligência, 32, 48, 75, 82
   prática, 86
intencionalidade, 84
interação, 32, 78
interlocutores férteis, 138
intuição, 31
inversão
   de papel, 62, 135, 157
   para classes, 101
ipseidade, 142

J

jogo
   de ação, 206
   simbólico, 91

justaposição, 88

L

lei de agrupamento, 96
leis de equilíbrio, 79
linguagem, 91, 153
locus nascendi, 40
lógica interproposicional, 100
ludus, 206

M

maneira particular, 152
material didático, 135
matrix, 40
matriz
    da brecha, 57
    de identidade, 34, 41, 51, 54, 157
    de subjetividades, 142
    familiar, 42
    sociocultural, 42
    sociométrica, 156
metapadrão, 148, 161, 201, 202
método, 161
moldes, 41
molécula, 156
momento, 32
multiplicidade, 43

N

negative feedback, 147
níveis, 97

O

objeto, 78, 88
    permanente, 82
    real, 118
operação, 97, 100
    real, 100, 101
orgânico, 146
organização, 32, 75, 152

P

padrão, 152
padrões de relação, 34, 41
papéis
    imaginários, 136
    psicossomáticos, 47
    sociais, 65
papel, 35, 43, 66, 155
    da mulher, 202
paradigmas, 149
participantes do sistema, 152
passagem, 86
pensamento, 153
    cartesiano, 148
    concreto, 94
    formal, 99
    infantil, 88
período
    das operações concretas, 80
    das operações formais, 80
    pós-paradigmático, 149

pré-operatório, 80, 87
pré-paradigmático, 149
sensório-motor, 80
personagem protagônico, 161, 202
personagens, 43
personalidade, 104
placenta social, 41
plano
   da ação, 86, 87
   de desenvolvimento, 123
   de reformas, 102, 104
   posterior, 123
polis, 164
pontes, 163
ponto de vista, 135, 201, 202
positive feedback, 147
postura, 133
precursores, 66
primeira forma, 119, 121
primeiro ego, 42
primeiro equilíbrio, 54
primeiro tempo, 54
primeiro universo infantil, 54
princípio, 161
   da auto-eco-organização, 154
   da retramatização, 206
   dialógico, 154
   hologramático, 154
   recursivo, 77, 154
problema, 151
processo
   de acomodação, 76
   de assimilação, 76
   de construção, 35
   de cunhagem, 34
   de matrização, 41
   de subjetivação infindável, 158
   infindável, 138
programa de vida, 102, 104
progressiva, 86
psicodrama público, 203
psicodramáticos, 35
psicologia, 155
psicossomáticos, 35
psicoterapia, 149
psique, 65, 66

Q

questões
   Estrategicas, 154
   Reflexivas, 154
questões circulares, 154
questões lineares, 154

R

raciocínio de transdução, 90
raciocínio lógico, 135
reação circular, 82, 85
Reações
   circulares primárias, 82
   circulares secundárias, 83
   circulares terciárias, 85

realidade, 57, 134
   co-construída, 151
   social, 156
   suplementar, 161
realismo, 89
reciprocidade, 101
reconhecimento, 57
redes sociais, 156
reeducação, 138
relações, 152
representação, 87
Reversibilidade
   Por Inversão, 101
   por Recíproca, 101
ritos, 206

S

segunda potência, 100
segundo tempo, 54
semiótica, 87
sentimentos relativos, 103
ser humano saudável, 39
ser, 206
significado, 88
significante, 88
simbiose, 54
sincretismo, 89
singularidade, 119, 121, 142, 158
sintoma, 152
sistema, 151, 152, 153
   familiar, 202

vivo, 146
sociais, 35
sociatria, 155
sociedade, 65, 66, 102
   externa, 156
socioafetivo-cognitivo, 42
sociodinâmica, 155
socioide, 156
sociologia, 155
sociometria, 155
socionomia, 155
soma das partes, 146
status nascendi, 40
subordinação, 104
subordinado ao real, 94
sujeito, 35

T

teatro, 155
   espontâneo, 206
técnica, 135
teia de relações, 146
tele, 32, 45, 49, 118, 126, 157
   atualizada, 126
telespontaneidade, 64
tele-transferencial, 62
tempo, 82
teoria
   de desenvolvimento, 157
   de papéis, 157
   de personalidade, 157

terapia familiar sistêmica, 150
tomada de papel, 62, 135
transformações, 101
transmissões sociais, 78
tricotomia social, 156
tridimensionalidade, 161
universo infantil, 54

V

verdadeira política, 164
visão sistêmica, 145
vivência, 136, 137